행복의 조건
삶이 행복해지는 9가지

행복의 조건
삶이 행복해지는 9가지

1판 1쇄 발행 2025년 7월 25일

지은이 신형빈

발행인 장진우
편 집 김문석
디자인 윤석운
펴낸곳 호산나(주)
주소 경기도 안양시 벌말로 123, A905호
전화 1644-9154
홈페이지 www.hosanna.net
인쇄 창영프로세스

가격 12,000원
ISBN 979-11-89851-66-8

- 호산나출판사는 "네 형제를 굳게 하라"(Strengthen your brothers) 는 주님의 말씀을 사명으로 알고, 좋은 도서를 출판하여 성도들에게 유익을 드리는 것을 늘 꿈꾸고 있습니다.
- 호산나출판사는 한몸 사역의 일환으로 진행되고 있습니다.

저자의 허락 없이 전재나 복제 할 수 없습니다.
잘못된 책은 교환해 드립니다.

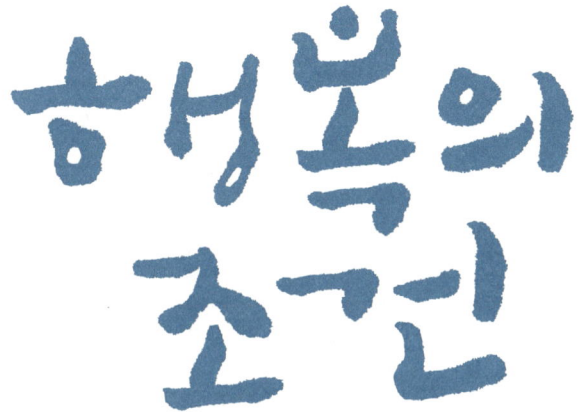

행복의 조건

삶이 행복해지는 9가지

| 지은이 신형빈 목사 |

HOSANNA

목차

프롤로그 *6*

1. 주권 인정과 순종으로의 행복 ································ *12*

2. 성령충만과 담대함 ··· *36*
   *나의 묵상

3. 사랑하는 것과 용서하는 것 ··································· *60*

4. 기도와 찬양의 행복 ·· *78*

5. 약속을 갖는 것과 기다림의 행복 ···························· *94*

6. 도움을 주는 것과 섬김의 행복 ································· *102*

7. 감사하는 것과 기쁨의 행복 ································· *120*
   *나의 묵상

8. 화목과 평강의 행복 ································· *134*

9. 충성과 거룩의 행복 ································· *144*

프롤로그

인간의 행복이란 무엇일까? 쉽게 말하면 자기만족이다. 즉 인간의 욕구충족이다.

하버드 대학교Harvard University의 사회심리학교수인 매슬로우 Abraham H Maslow는 인간의 욕구충족을 5가지로 말하고 있다. 그것은 생리적 욕구Physiological needs, 안전욕구Safety needs, 소속과 사랑의 욕구Belongingness and Love needs, 존중욕구Self-Esteem needs, 자아실현 욕구Self-Actualization needs이다. 성경은 자신에게 먹고 마실 것이 있으면 만족할 줄 알아야 한다고 말씀하고 있다.

"우리가 세상에 아무 것도 가지고 온 것이 없으매 또한 아무 것도 가지고 가지 못하리니 우리가 먹을 것과 입을 것이 있은즉 족한 줄로 알 것이니라" [딤전 6:7-8]

물질의 풍요가 행복인 줄 아는 사람들은 어리석음과 욕심의 시험과 올무에 빠져 파멸과 멸망에 이르게 된다. 이런 사람들은 불행하다.

"부하려 하는 자들은 시험과 올무와 여러 가지 어리석고 해로운 욕심에 떨어지나니 곧 사람으로 파멸과 멸망에 빠지게 하는 것이라 돈을 사랑함이 일만 악의 뿌리가 되나니 이것을 탐내는 자들은 미혹을 받아 믿음에서 떠나 많은 근심으로써 자기를 찔렀도다" [딤전 6:9-10]

대한민국은 세계 경제대국 10위안에 드는 경제성공을 이루었으나 행복지수는 하위권이다. 가정파괴율 1위, 청소년자살 1위의 나라가 되었다. 이는 행복이 '가정파괴'와 '자살률'과 관계가 있음을 말해주고 있다. 행복한 가정은 파괴되지 않고, 행복한 사람은 자살하지 않는다. 자신의 삶이 보람되고, 가치 있다고 여겨질 때에 사람은 행복할 수가 있다. 이런 사람들은 후회 없는 삶을 산 사람들이다.

성경에서 행복한 사람을 찾자면 신약에 나오는 사도 바울Paul을 들 수 있다. 사도 바울의 생애는 세상 사람들이 보기에는 불행한 사람처럼 보일 수도 있다. 그러나 그는 자신이 가장 행복한 자라고 믿었다. 사도 바울은 아가페의 사랑이 무엇인 줄 알았다. 예수 그리스도의 사랑을 알았기 때문이다. 사도 바울의 삶은 행복한 삶이었다. 그는 그리스도의 마음을 가지고 살았다. 그리고 그리스도에 대하여 가르쳤다. 그는 고린도전서 2장 16절에 "누가 주의 마음을 알아서 주를 가르치겠느냐 그러나 우리가 그리스도의 마음을 가졌느니라"고 고백한다.

세상 사람들은 죽음 앞에서 무기력하고 절망하고 좌절한다. 그러나 사도 바울은 사망을 이겼다. 고린도전서 15장 57절에서 "우리 주 예수 그리스도로 말미암아 우리에게 승리를 주시는 하나님께 감사하노니"라고 고백하는 사도 바울의 생애는 자랑과 칭찬으로 채워져 있다. 그는 보람 있게 한 생애를 살았다. 고린도후서 10장 17절과 18절에 "자랑하는 자는 주 안에서 자랑할지니라 옳다 인정함을 받는 자는 자기를 칭찬하는 자가 아니요 오직 주께서 칭찬하시는 자니라"고 말하듯이 그의 삶은 주님께 칭찬 듣는 최고의 인생이었다.

사도 바울의 삶이 고난과 역경으로 말미암아 고통을 당하였으나 그의 삶은 항상 기뻐하고 모든 것을 가진 자와 같이 행복으로 가득 차 있었다.

"오직 모든 일에 하나님의 일꾼으로 자천하여 많이 견디는 것과 환난과 궁핍과 고난과 매 맞음과 갇힘과 난동과 수고로움과 자지 못함과 먹지 못함 가운데서도 깨끗함과 지식과 오래 참음과 자비함과 성령의 감화와 거짓이 없는 사랑과 진리의 말씀과 하나님의 능력으로 의의 무기를 좌우에 가지고 영광과 욕됨으로 그러했으며 악한 이름과 아름다운 이름으로 그러했느니라 우리는 속이는 자 같으나 참되고 무명한 자 같으나 유명한 자요 죽은 자 같으나 보라 우리가 살아 있고 징계를 받는 자 같으나 죽임을 당하지 아니하고 근심하는 자 같으나 항상 기뻐하고 가난한 자 같으나 많은 사람을 부요하게 하고 아무 것도 없는 자 같으나 모든 것을 가진 자로다" [고후 6:4-10]

세상에 성공한 사람은 많지만 '성공과 행복'의 두 마리 토끼를 다 잡은 사람은 많지 않다. 성경에는 성공했고 행복했던 한 인물, 다윗이 소개되어 있는데 그는 두 가지를 다 충족한 사람이다.
자본주의의 문화와 문명은 인간의 삶을 더욱 힘들고 고달프게 만들었다.

자본주의 사회에서 사람들이 돈을 벌면 벌수록 더욱 가난한 자에 대한 쟁취가 심해졌다. 한때 로마Rome는 번영의 상징이었지만 식민지 문명과 노예제도는 결국 로마를 멸망시켰다. 공산주의의 계급투쟁으로 인한 프로레테리아의 혁명proletarian revolution은 일부 소수의 공산당원을 위한 사회를 만들었다.

사람들은 세상에서의 성공이 곧 인생의 행복이라고 생각한다. 그리하여 명예, 권세, 돈을 어찌하든지 가지려 한다. 그러나 우리의 실제의 삶 속에서는 그렇지 못하다는 것을 너무나도 잘 알고 있다. 인류의 삶의 질을 향상시킨 것을 '문화'와 '문명'이라고 말한다. 문명이 과학과 기술이라면 이것은 물질적인 향상을 의미한다.

세계의 인본주의 역사에서 문화는 그 속에서 인간을 발견하고 우리를 발견하고 자신을 발견한다고 한다. 신앙의 역사에서는 하나님을 발견하고 그 속에서의 우리들과 자신을 발견하는 것이다. 사람은 누구든지 자기의 정체성과 주관을 깨닫게 될 때 진정한 행복을 찾을 수가 있다.

위대한 성공적인 삶은 '도움'에 의하여 이루어진다. 성공한 삶을 이룩하기 위해서는 사람이나 신의 도움이 필요하기 때문에 사람은 성공을 위하여 인간이나 신을 이용하려 한다. 축복을 노력으로 이루기 위하여 도움을 구하게 된다. 신의 도움으로 성공하고 행복을 이루기 위하여 신앙적인 의미에서는 신의 성품에 참여하는 것이고 종교적 의미에서는 인간이 신이 되려고 한다.

세상 사람들은 신은 행복하다고 생각한다. 사람은 행복해지기 위하여 신이 되려고 한다. 성공하는 데에는 종교인이거나 세속인이거나 동일하다. 도움 받거나 이용해야 성공할 수 있다. 종교인은 한걸음 더 나아가서 신의 도움을 받는 것을 신을 이용하여 자신의 돈, 명예, 권세를 얻으려 한다. 신을 이용하여 세상적인 성공인 부귀, 영화, 권세를 가지려는 종교인을 세속적 사람이라고 한다.

하나님의 명령에 불순종하여 먹지 말라는 선악과를 먹은 아담과 하와의 후예는 타락된 성품을 가지고 살게 되었다. 타락된 성품의 소유자인 인간은 자기중심적, 정욕적, 탐욕적인 삶을 살아간다. 정욕적이고 탐욕적인 인간은 결코 행복할 수가 없다. 욕망이라는 전차는 인간을 계속 불행하게 만든다. 탐욕적 인생을 가지면 더 가지고 싶어 하여 착취하고 빼앗고 죽이게 되는 데 죽이고 죽임을 당하는 인생은 결코 행복할 수가 없다. 성공한 사람이 행복하려면 도덕성이 요구된다. 교양과 훈계가 필요하다.

예수 그리스도의 가정에서는 자녀들에게 세상 속 성공만을 강조할 것이 아니라 주의 교양과 훈계가 필요하다. 진정한 크리스천Christian이 되어야 성공하고 행복한 자가 될 수 있고 참 신앙인은 신의 성품에 참여해서 말하고 있는 것과 같이 되어야 한다.

"그의 신기한 능력으로 생명과 경건에 속한 모든 것을 우리에게 주셨으니 이는 자기의 영광과 덕으로써 우리를 부르신 이를 앎으로 말미암음이라 이로써 그 보배롭고 지극히 큰 약속을 우리에게 주사 이 약속으로 말미암아 너희가 정욕 때문에 세상에서 썩어질 것을 피하여 신성한 성품에 참여하는 자가 되게 하려 하셨느니라 그러므로 너희가 더욱 힘써 너희 믿음에 덕을, 덕에 지식을, 지식에 절제를, 절제에 인내를, 인내에 경건을, 경건에 형제 우애를, 형제 우애에 사랑을 더하라 이런 것이 너희에게 있어 흡족한즉 너희로 우리 주 예수 그리스도를 알기에 게으르지 않고 열매 없는 자가 되지 않게 하려니와 이런 것이 없는 자는 맹인이라 멀리 보지 못하고 그의 옛 죄가 깨끗하게 된 것을 잊었느니라 그러므로 형제들아 더욱 힘써 너희 부르심과 택하심을 굳게 하라 너희가 이것을 행한즉 언제든지 실족하지 아니하리라 이같이 하면 우리 주 곧 구주 예수 그리스도의 영원한 나라에 들어감을 넉넉히 너희에게 주시리라" [벧후 1:3-11]

하나님 나라 백성의 자질은 택하신 족속, 왕 같은 제사장, 거룩한 나라, 그의 소유된 백성이다. 베드로전서 2장 9절에 "그러나 너희는 택하신 족속이요 왕 같은 제사장들이요 거룩한 나라요 그의 소유가 된 백성이니 이는 너희를 어두운 데서 불러내어 그의 기이한 빛에 들어가게 하신 이의 아름다운 덕을 선포하게 하려 하심이라"고 말씀하고 있다. 하늘나라의 백성들은 행복하다. 행복을 위한 신의 성품에 참여하기 위해서는 헌신과 희생이 있어야 한다. 하늘나라에서 주어지는 행복은 어디까지나 믿음에서 시작되어 사람과 연결되어야 한다. 예수 그리스도는 인류구원을 위하여 한 알의 밀알이 되어 주셨다. 그 행복을 이 책을 통해서 찾길 소원한다.

2025년 4월 23일

저자 신형빈 목사

1.
주권인정과 순종으로의 행복

영국에 본부를 둔 유럽 신경제재단(NEF)은 2010년 국가별로 행복지수를 조사했다. 이 조사에서 부탄Bhutan이 1위를 차지했다. 1인당 국민총생산이 2,000달러에도 미치지 못하는 부탄은 응답한 국민 가운데 97%가 행복하다고 답변했다. 부탄에 비해 1인당 국내총생산이 10배나 높은 대한민국은 143개국 가운데 68위에 그쳤다. 또 다른 통계지수가 있다. 2012년 유엔 세계 행복보고서에 따르면, 우리나라는 OECD 34개 회원국 중 32위를 차지했다. 평균 6.25점에도 크게 못 미치는 점수다. 학생들의 수학능력은 최고점수를 달리는데도 행복지수는 하위권이다. 세상에서 누릴 수 있는 행복은 절대적인 기준이 없다. 하나님의 은혜 안에 있을 때만 행복도 있다.

하나님이 제일 좋아하는 것이 무엇일까? 하나님은 순종하는 자[1]를 제일 좋아하신다. 하나님이 제일 싫어하시는 것이 무엇일까? 우상숭배다. 왜 그럴까? 우상숭배는 하나님의 주권을 무시한 것이기 때문이다. 천지를 창조하시고 다스리시는 하나님을 모욕한 것이다. 하나님은 인격자이시다. 하나님은 인간에게서 인격 모욕을 허락하지 않으신다.

건강을 위해서 사람들은 보약을 찾는다. 그리고 행복을 위해서도 묘약을 찾는다. 다윗의 인생을 통하면 쉽게 행복의 묘약을 지을 수 있다. 그 재료는 9가지나 된다. 우리들의 삶 속에서 이 9가지가 이루어질 수만 있다면 행복한 삶이 된다. 사람들은 행복을 파랑새의 꿈과 같이 잡을 수 있는 것

---

[1] 1.다윗은 하나님의 주권을 인정했다. 2.사울의 버림당함은 불순종으로부터 출발했다. 3.다윗은 하나님의 법도를 지켰다. 4.다윗은 절대적인 순종을 보여주었다.

이라고 생각한다. 그러나 행복은 믿음처럼 바라는 것들의 실상이다. 9가지를 바라보고 자기 생활 속에 적용하면서 살다보면 자신도 모르게 보람되고 가치 있는 삶을 살게 되며 행복을 느끼게 된다.

성경에 보면 성령의 은사[2] 9가지가 나오고, 또한 성령의 열매[3]도 9가지가 나온다.

행복은 감정을 느끼는 것뿐만 아니라 실제의 삶 속에 이루어지는 참된 가치의 발견과 삶의 보람이다. 아무 것도 소유치 않은 거지가 갖는 행복은 행복을 가장한 불행이다. 갖고 싶은 것을 갖고도 행복할 수 있다면 그것이 무엇일까를 다윗의 행복에서 찾아보자.

다윗은 베들레헴Bethlehem의 들에서 양 치던 목자였다. 하나님께서 자신을 이스라엘의 왕으로 삼으신 것은 백성들의 선택에 의한 것이 아닌 야훼 하나님의 주권 행사에서 이루어진 것을 다윗은 너무나도 잘 알고 있었다. 주권은 주인 되는 권세를 의미한다. 주인 밑에서 종이 겸손 할 때에 참 평안과 안식을 누릴 수가 있다. 종이 주인이 되었다가 불행하게 된 사람들을 우리 주위에서 보게 되는데 그들은 결국 실망하게 되고 파멸에 떨어지게 된다.

---

2) 성령의 은사(고전12:8-10)
   1.지혜의 말씀, 2.지식의 말씀 3.믿음 4.병고침 5.능력행함 6.예언 7.영분별 8.방언 9.통역
3) 성령의 열매(갈5:22-23)
   1.사랑 2.희락 3.화평 4.오래참음 5.자비 6.양선 7.충성 8.온유 9.절제

야훼 하나님은 세우기도 하시고 멸하시기도 하실 수 있는 분이시다. 하나님의 주권은 이 세상의 나라도 세우시고 멸하기도 하실 수 있다. 야훼 하나님은 예레미야에게 토기장이와 토기의 비유를 통해 하나님의 주권을 말해 주셨다. 토기장이는 임의대로 토기를 만들 수도 있고 파괴할 수도 있다. 야훼 하나님의 주권은 절대적이다. 야훼 하나님의 주권에 대하여 이렇다 저렇다 할 수 있는 자는 아무도 없다. 로마서 9장 21절에 "토기장이가 진흙 한 덩이로 하나는 귀히 쓸 그릇을, 하나는 천히 쓸 그릇을 만들 권한이 없느냐"고 말씀한다.

사울Saul왕은 도덕적으로 흠이 없었고 윤리적으로 죄를 짓지 않았다. 간음이나 살인을 하지 않았다. 비록 그가 시기심으로 인하여 다윗을 죽이려 했지만 그는 존경 받는 아버지였으며 베냐민 지파의 지지를 받는 왕이었다. 그러나 그는 야훼로부터 버림을 당했다. 그 이유는 불순종이었다. 사울은 하나님의 선택으로 왕이 되었지만 그는 하나님보다 자신의 권위를 내세웠고 하나님의 명령을 두 번이나 거역하였다.

한 번은 블레셋[4]과의 전쟁이었다. 하나님의 선지자 사무엘을 기다렸다가 야훼 하나님께 제사를 드리고 전쟁에 임하여야 하는데, 사무엘이 늦게 온다 하여 제사장이 드려야 하는 제사를 자신이 드렸다. 다른 한 번은 하나님께서 아말렉과의 전쟁에서 승리한 후 아말렉을 진멸하라 했으나 그는 아말렉의 아각 왕과 살찐 가축들을 남겨 놓았다가 사무엘에게 꾸중을 듣

---

4) 블레셋(Philistines)블레셋은 이스라엘과 적대관계였다. 아브라함과 우물 문제로 분쟁했다(창21:32,26:1). 사사였던 삼갈은 블레셋인 600명을 죽였고(삿3:31), 삼손은 평생동안 블레셋인과 싸웠다(삿14장).

는다. 그렇게 그는 불순종으로 야훼 하나님으로부터 버림을 당하게 된다.

"사무엘이 사울에게 이르되 나는 왕과 함께 돌아가지 아니하리니 이는 왕이 야훼의 말씀을 버렸으므로 야훼께서 왕을 버려 이스라엘 왕이 되지 못하게 하셨음이니이다 하고" [삼상 15:26]

'순종이 제사보다 낫다'는 말은 하나님의 주권에 대한 말씀이다.

"사무엘이 이르되 야훼께서 번제와 다른 제사를 그의 목소리를 청종하는 것을 좋아하심 같이 좋아하시겠나이까 순종이 제사보다 낫고 듣는 것이 숫양의 기름보다 나으니" [삼상 15:22]

천사장 루시퍼가 사탄이 된 것은 하나님의 주권에 대해 도전했기 때문이다.

"너 아침의 아들 계명성이여 어찌 그리 하늘에서 떨어졌으며 너 열국을 엎은 자여 어찌 그리 땅에 찍혔는고 네가 네 마음에 이르기를 내가 하늘에 올라 하나님의 뭇 별 위에 내 자리를 높이리라 내가 북극 집회의 산 위에 앉으리라 가장 높은 구름에 올라가 지극히 높은 이와 같아지리라 하는도다 그러나 이제 네가 스올 곧 구덩이 맨 밑에 떨어짐을 당하리로다" [사 14:12-15]

다윗[5]은 무엇보다도 야훼의 주권을 인정했다. 다윗은 사울왕 보다 인간적인 면에서 보면 도덕적으로나 윤리적으로 결코 높은 수준이 아니었다. 그의 아들인 압살롬은 아버지 다윗을 모반하여 왕위를 찬탈하려 하였으며, 다윗의 아들들 중 큰아들 암논은 이복여동생 다말을 강간하는 사건을 저질렀다. 그럼에도 불구하고 야훼는 다윗을 마음에 합한 사람이라고 말씀하셨다. 다윗은 야훼의 축복을 받았다. 왕국의 견고성과 영원성이 야훼 하나님께 있음을 그는 믿었다. 그리하여 다윗이 아들 솔로몬에게 이스라엘을 견고케 하기 위해 야훼 하나님의 명령에 순종하라고 권면하였던 것을 성경을 통해 볼 수 있다.

어느 목사님 자녀 중 둘째딸이 유난히 눈이 작았다. 가족들이 늘 둘째를 보며 눈이 작은 것에 대해 걱정을 했다. 어느 날 둘째가 산책을 같이 하던 목사님에게 그런 말을 꺼냈다.
"아빠! 내 눈이 작아서 걱정이지? 근데 눈은 작아도 볼 것은 다 봐."
"아니란다. 아빠를 닮아서 더 예쁘지."
목사님은 작은 것 하나도 아이들 앞에서는 말조심을 해야겠다는 교훈을 얻었다. 우리의 작은 눈으로도 볼 것은 다 보는데, 전지전능하신 하나님께서 어찌 우리들의 삶의 모든 것을 보지 않으시겠는가. 하나님의 주권

---

5)

사울	다윗
'큰 자'라는 뜻	'극진히 사랑 받은자'라는 뜻
40년간 통치	40년간 통치
자살	솔로몬에게 왕위계승

을 인정한다는 것은 살아계신 하나님의 시선을 의식하는 것이다.

다윗은 하나님의 주권을 인정하면서 하나님의 법도를 사랑한다고 고백하였다.

"야훼를 경외하는 도는 정결하여 영원까지 이르고 야훼의 법도 진실하여 다 의로우니 금 곧 많은 순금보다 더 사모할 것이며 꿀과 송이꿀보다 더 달도다" [시 19:9-10]

그는 야훼의 계명과 법도를 이스라엘을 다스리는 계명과 법도로 삼고자 하였다. 다윗은 솔로몬에게 유언할 때에 야훼의 주권을 인정하고 그의 법도와 규례에 순종할 것을 명령하였다.

"네 하나님 야훼의 명령을 지켜 그 길로 행하여 그 법률과 계명과 율례와 증거를 모세의 율법에 기록된 대로 지키라 그리하면 네가 무엇을 하든지 어디로 가든지 형통할지라 야훼께서 내 일에 대하여 말씀하시기를 만일 네 자손들이 그들의 길을 삼가 마음을 다하고 성품을 다하여 진실히 내 앞에서 행하면 이스라엘 왕위에 오를 사람이 네게서 끊어지지 아니하리라 하신 말씀을 확실히 이루게 하시리라" [왕상 2:3-4]

다윗은 하나님의 주권을 인정하였으므로 그의 법도와 규례를 지키려고 노력하였다. 다윗이 하나님께로부터 복을 받은 이유는 하나님의 주권을 인정하였기 때문이다. 다윗은 하나님께서 다윗에게 준 하나님의 명령을 그 아들 솔로몬에게 전했다.

다윗은 야훼 하나님의 법도와 명령을 지키면 장수의 축복을 주신다고 말한다.
"네가 만일 네 아버지 다윗이 행함 같이 내 길로 행하며 내 법도와 명령을 지키면 내가 또 네 날을 길게 하리라" [왕상 3:14]

하나님은 하나님을 사랑하고 그의 계명을 지키는 자를 축복하신다.

"나를 사랑하고 내 계명을 지키는 자에게는 천 대까지 은혜를 베푸느니라" [출 20:6]

야훼 하나님의 절대적 주권을 인정한 다윗은 그에게 전폭적인 신뢰와 절대적 순종을 하였다. 하나님을 믿는다 하면서도 하나님을 전폭적으로 신뢰하지 못하고 의심이 생기는 이유는 야훼 하나님의 주권에 대한 인정이 없기 때문이다. 의심이 있으면 절대적으로 순종할 수가 없다. 전폭적 신뢰가 있어야 절대적으로 순종할 수 있다.

하나님은 순종하는 자를 좋아하신다. 야훼 하나님은 종교적 행위보다는 믿음의 순종을 원하신다. 다윗은 야훼 하나님의 계명에 순종하였다. 다윗이 겸손하였기 때문에 순종할 수 있었다.

그는 시편 기도문에서 가난한 자를 잊지 말아 달라고 한다. **시편 10편 12절**에 **"야훼여 일어나옵소서 하나님이여 손을 드옵소서 가난한 자들을 잊지 마옵소서"** 라고 말씀한다. 가난의 의미는 물질적 결핍보다도 심령의 겸손을 의미한다.

다윗은 항상 야훼 하나님 앞에서 겸손하기를 힘썼다. 하나님은 교만한 자를 싫어하신다. 하나님은 겸손한 자를 사랑하신다.

"그러나 더욱 큰 은혜를 주시나니 그러므로 일렀으되 하나님이 교만한 자를 물리치시고 겸손한 자에게 은혜를 주신다 하였느니라" [약 4:6]

행복은 겸손한 자에게 찾아오고 교만한 자에게서는 멀어진다. 교만한 자는 행복할 수가 없다. 교만한 지도자가 공로를 내세운다. 교만한 자는 원망과 불평이 많다. 하나님은 교만한 자를 대적하신다. 베드로전서 5장 5절에 "젊은 자들아 이와 같이 장로들에게 순종하고 다 서로 겸손으로 허리를 동이라 하나님은 교만한 자를 대적하시되 겸손한 자들에게는 은혜를 주시느니라"는 말씀이 있다.

다윗은 야훼 하나님의 말씀에 순종하였다. 그는 야훼 하나님의 전을 짓기를 원했지만 야훼 하나님은 다윗에게 허락하지 않으셨다. 다윗은 수많은 전쟁 가운데 사람을 많이 죽였기 때문이다.

"야훼의 말씀이 내게 임하여 이르시되 너는 피를 심히 많이 흘렸고 크게 전쟁하였느니라 네가 내 앞에서 땅에 피를 많이 흘렸은즉 내 이름을 위하여 성전을 건축하지 못하리라" [대상 22:8]

하나님의 나라는 '하나님의 왕국'이라는 의미이다. 하나님이 왕이 되신 나라이다. 하나님이 하나님의 나라 주권자이시다. 이스라엘의 왕인 다윗도 야훼 하나님의 주권을 인정하였다. 왕 되신 야훼를 사랑한다고 고백하였다.

다윗은 자신을 Nagid(작은 왕)이라고 불렀고, 야훼 하나님을 Melek(큰 왕)[6]이라고 불렀다.

평화의 왕으로 겸손한 Nagid로 말을 타지 않고, 나귀를 타고 다녔다. 왕이 된 다윗은 야훼 하나님의 신명기 17장[7]의 왕의 의무에 대한 명령에 철저히 순종하였다.

"네가 네 하나님 야훼께서 네게 주시는 땅에 이르러 그 땅을 차지하고 거주할 때에 만일 우리도 우리 주위의 모든 민족들 같이 우리 위에 왕을 세워야겠다는 생각이 나거든 반드시 네 하나님 야훼께서 택하신 자를 네 위에 왕으로 세울 것이며 네 위에 왕을 세우려면 네 형제 중에서 한 사람을 할 것이요 네 형제 아닌 타국인을 네 위에 세우지 말 것이며 그는 병마를 많이 두지 말 것이요 병마를 많이 얻으려고 그 백성을 애굽으로 돌아가게 하지 말 것이니 이는 야훼께서 너희에게 이르시기를 너희가 이후에는 그 길로 다시 돌아가지 말 것이라 하셨음이며 그에게 아내를 많이 두어 그의 마음이 미혹되게 하지 말 것이며 자기를 위하여 은금을 많이 쌓지 말

---

6) 시편47:2 큰 왕(Melek)진정한 의미의 '큰 왕'이란 표현이 합당한 이유는 오직 하나님만이 온 세상의 통치자이시기 때문이다.(시24:1)
〈더 알아보기〉큰 선지자(Great prophet) 예수님에 대한 호칭. 예수님께서 나인 성 과부의 아들을 다시 살리셨을 때 이를 목격한 사람들이 외쳤던 말(눅7:16)

7) [심층연구]신명기17장이스라엘 왕을 세울땐 사람의 뜻에 맞는 자가 아닌, 반드시 하나님의 뜻에 합당한 자를 세운다.
-왕이 된 자가 지켜야 할 조항 1.말을 많이 두지 않는다 2.아내를 많이 두지 않는다 3.은금을 많이 쌓아두지 않는다

것이니라 그가 왕위에 오르거든 이 율법서의 등사본을 레위 사람 제사장 앞에서 책에 기록하여 평생에 자기 옆에 두고 읽어 그의 하나님 야훼 경외하기를 배우며 이 율법의 모든 말과 이 규례를 지켜 행할 것이라 그리하면 그의 마음이 그의 형제 위에 교만하지 아니하고 이 명령에서 떠나 좌로나 우로나 치우치지 아니하리니 이스라엘 중에서 그와 그의 자손이 왕위에 있는 날이 장구하리라" [신 17:14-20]

솔로몬은 그가 왕이 된 후 철저히 신명기 17장을 지키지않았다. 솔로몬은 말을 타고 다녔으며 전차를 몰았으며 애굽의 공주를 아내로 맞았다. 결국 왕국이 분열되었다. 하나님의 계명에 불순종하여 갈라졌던 이스라엘의 왕국인 북왕국은 앗시리아에, 남왕국은 바빌로니아에 멸망당하였다. 선지자 나단이 다윗의 잘못을 꾸짖을 때 다윗은 야훼 하나님의 주권을 인정함으로 선지자 나단의 말을 들었다. 다윗은 자신이 왕이라고 나단 선지자를 감옥에 가두지 않았다. 야훼 하나님의 주권을 인정하지 않은 이스라엘의 왕들은 선지자의 꾸짖음이 듣기 싫어서 그들을 감옥에 가두었다. 신약시대 헤롯왕은 그의 부도덕을 꾸짖는 세례요한을 옥에 가두었다가 나중에는 세례요한의 목을 베어 죽였다.

다윗은 야훼 하나님께 대한 배신적 행위를 철저히 금하였다. 다윗은 다른 신을 섬기거나 우상숭배를 한 적이 한 번도 없었다. 하나님의 종에 대한 그의 존경심은 야훼 하나님에 대한 경외심에서 생겨난 것이다. 하나님께서 모세에게 명하였던 아말렉을 멸하라는 명령을 다윗은 철저히 이행하였다. 그는 아말렉을 멸하였다.

사울 왕은 야훼 하나님의 주권보다 자신의 왕권을 주장하여 야훼 하나님의 명령에 불순종하였다. 하나님은 사울 왕에게 아말렉을 멸하라고 하셨다. 사울 왕은 아말렉과의 전쟁에서 승리하였다. 그러나 그는 아말렉을 진멸하지 않았다.

"사무엘이 사울을 만나려고 아침에 일찍이 일어났더니 어떤 사람이 사무엘에게 말하여 이르되 사울이 갈멜에 이르러 자기를 위하여 기념비를 세우고 발길을 돌려 길갈로 내려갔다 하는지라 사무엘이 사울에게 이른즉 사울이 그에게 이르되 원하건대 당신은 야훼께 복을 받으소서 내가 야훼의 명령을 행하였나이다 하니 사무엘이 이르되 그러면 내 귀에 들려오는 이 양의 소리와 내게 들리는 소의 소리는 어찌 됨이니이까 하니라 사울이 이르되 그것은 무리가 아말렉 사람에게서 끌어 온 것인데 백성이 당신의 하나님 야훼께 제사하려 하여 양들과 소들 중에서 가장 좋은 것을 남김이요 그 외의 것은 우리가 진멸하였나이다 하는지라" [삼상 15:12-15]

출애굽기 16장에 보면 이스라엘 민족이 가나안 땅으로 가던 중에 광야에서 모세와 아론에게 반역한 고라의 무리들이 나온다. 그들은 자신들도 레위족속임을 주장하며 모세의 지도력에 거스르며 도전하였다. 그러나 하나님은 모세를 세운 이가 야훼 하나님 자신이라고 하시면서, 고라[8] 무리의 반기를 하나님에 대한 멸시로 간주하여 땅을 갈라서 고라 무리들을 멸망

---

8) 고라(Korah)에 대하여 성경 찾아 보기
    민16:1-2. 모세를 대적
    민16:3. 모세를 비난
    민16:17-18. 모세의 조치
    민16:35. 고라의 죽음

시켰다.

"모세가 이르되 야훼께서 나를 보내사 이 모든 일을 행하게 하신 것이요 나의 임의로 함이 아닌 줄을 이 일로 말미암아 알리라 곧 이 사람들의 죽음이 모든 사람과 같고 그들이 당하는 벌이 모든 사람이 당하는 벌과 같으면 야훼께서 나를 보내심이 아니거니와 만일 야훼께서 새 일을 행하사 땅이 입을 열어 이 사람들과 그들의 모든 소유물을 삼켜 산 채로 스올에 빠지게 하시면 이 사람들이 과연 야훼를 멸시한 것인 줄을 너희가 알리라 그가 이 모든 말을 마치자마자 그들이 섰던 땅바닥이 갈라지니라" [민 16:28-31]

하나님께서 다윗을 마음에 합한 자라 하신 이유는 '하나님의 주권인정'과 '순종' 때문이었다. 사도행전 13장 22절에 "폐하시고 다윗을 왕으로 세우시고 증언하여 이르시되 내가 이새의 아들 다윗을 만나니 내 마음에 맞는 사람이라 내 뜻을 다 이루리라 하시더니"라고 말씀한다.

신앙에서 순종의 중심은 하나님의 주권 인정이며 순종의 바탕은 하나님의 계명을 지키는 것이다. 다윗의 신앙생활관은 하나님 중심주의였다. 그에게는 자기의 삶 속에서 하나님이 차지하고 있는 부분이 대단히 컸다. 다윗은 야훼를 높이고 야훼를 능멸하는 자를 멸하였다. 다윗이 블레셋의 장수 골리앗을 죽인 그 담대함은 다윗이 야훼주권을 인정함에 있었다.

"다윗이 블레셋 사람에게 이르되 너는 칼과 창과 단창으로 내게 나아오거니와 나는 만군의 야훼의 이름 곧 네가 모욕하는 이스라엘 군대의 하나

님의 이름으로 네게 나아가노라" [삼상 17:45]

다윗이 야훼의 주권을 인정한 것은 사울 왕과의 관계에서 잘 드러난다. 다윗이 골리앗을 죽인 후에 사울 왕은 다윗을 두려워하여 죽이려 하였다. 사무엘상 18장 29절에 "사울이 다윗을 더욱더욱 두려워하여 평생에 다윗의 대적이 되니라"고 말씀하고 있는 것을 통해 알 수 있다. 사울 왕은 다윗을 죽이려고 여러 번 시도하였으나 다윗은 사울 왕을 피해 다녔으며 많은 위험한 고비를 지났다. 다윗은 사울 왕을 죽일 기회가 두 번이나 있었으나 그를 해하지 않았다. 그 결정적인 이유가 바로 사울 왕에게 있었던 기름부음이었다. 사울 왕은 비록 다윗을 죽이려 하였으나 다윗은 자신이 기름부음 받은 것만이 아닌 사울 왕이 기름부음 받은 것도 인정했다. 이것은 하나님의 주권을 철저히 인정하는 행위였다. 한번은 다윗이 숨어 있는 엔게디 골짜기의 동굴에서 사울 왕이 변을 보고 있을 때 다윗의 부하들이 사울 왕을 죽이고자 하였다.

"사울이 블레셋 사람을 쫓다가 돌아오매 어떤 사람이 그에게 말하여 이르되 보소서 다윗이 엔게디 광야에 있더이다 하니 사울이 온 이스라엘에서 택한 사람 삼천 명을 거느리고 다윗과 그의 사람들을 찾으러 들염소 바위로 갈 새 길 가 양의 우리에 이른즉 굴이 있는지라 사울이 뒤를 보러 들어가니라 다윗과 그의 사람들이 그 굴 깊은 곳에 있더니 다윗의 사람들이 이르되 보소서 야훼께서 당신에게 이르시기를 내가 원수를 네 손에 넘기리니 네 생각에 좋은 대로 그에게 행하라 하시더니 이것이 그 날이니이다 하니 다윗이 일어나서 사울의 겉옷 자락을 가만히 베니라 그리 한 후에 사울의 옷자락 벰으로 말미암아 다윗의 마음이 찔려 자기 사람들에게 이르되 내가 손을 들어 야훼의 기름 부음을 받은 내 주를 치는 것은 야훼께서 금하시는 것이니 그는 야훼의 기름 부음을 받은 자가 됨이니라 하고 다윗이 이 말로 자기 사람들을 금하여 사울을 해하지 못하게 하니라 사울이 일어나 굴에서 나가 자기 길을 가니라" [삼상 24:1-7]

또 한 번은 사울 왕이 피곤하여 숲에서 잠을 자고 있을 때 다윗과 그의 부하들을 만나게 된다.

"이에 다윗이 헷 사람 아히멜렉과 스루야의 아들 요압의 아우 아비새에게 물어 이르되 누가 나와 더불어 진영에 내려가서 사울에게 이르겠느냐 하니 아비새가 이르되 내가 함께 가겠나이다 다윗과 아비새가 밤에 그 백성에게 나아가 본즉 사울이 진영 가운데 누워 자고 창은 머리 곁 땅에 꽂혀 있고 아브넬과 백성들은 그를 둘러 누웠는지라 아비새가 다윗에게 이르되 하나님이 오늘 당신의 원수를 당신의 손에 넘기셨나이다 그러므로 청하오니 내가 창으로 그를 찔러서 단번에 땅에 꽂게 하소서 내가 그를 두 번 찌를 것이 없으리이다 하니 다윗이 아비새에게 이르되 죽이지 말라 누구든지 손을 들어 야훼의 기름 부음 받은 자를 치면 죄가 없겠느냐 하고 다윗이 또 이르되 야훼께서 살아 계심을 두고 맹세하노니 야훼께서 그를 치시리니 혹은 죽을 날이 이르거나 또는 전장에 나가서 망하리라 내가 손을 들어 야훼의 기름 부음 받은 자를 치는 것을 야훼께서 금하시나니 너는 그의 머리 곁에 있는 창과 물병만 가지고 가자 하고" [삼상 26:6-11]

하나님의 주권을 인정함으로 다윗은 야훼의 통치를 인정한 것이었다. '하나님은 나의 왕'[9]이란 구절은 그가 지은 시편에서 자주 거론되었다.

이스라엘의 다른 왕들은 자기의 왕국을 세우려 하였다. 사울 왕은 하나님의 주권을 인정하지 않고 불순종하여 하나님께로부터 버림을 당하였다. 웃시야 왕은 야훼의 성전에 들어가 하나님의 제사장의 고유 권한인 분향을 하였는데 이는 하나님의 주권을 침해하는 행동이었고 하나님의 심판을 받아 그는 문둥병에 걸렸다.

"대제사장 아사랴와 모든 제사장이 왕의 이마에 나병이 생겼음을 보고 성전에서 급히 쫓아내고 야훼께서 치시므로 왕도 속히 나가니라" [대하 26:20]

다윗이 이스라엘을 야훼가 다스리는 왕국이라고 한 것은 왕은 하나님께서 세우신다는 것을 인정하는 것이었다.

예수님은 비유를 통해 하나님의 주권을 인정할 것을 말씀하셨다. 우주의 주인은 성부 하나님이심을 밝히고 모든 세계가 하나님의 주권 아래에서 하나님의 계획대로 진행되고 있음을 가르치셨다. 성경의 종말론적 해석도 역시 하나님의 주권을 인정하는 것으로 하나님이 모든 열국의 왕들

---

9) 시편 5:2 나의 왕, 나의 하나님이여 내가 부르짖는 소리를 들으소서 내가 주께 기도하나이다
시편 68:24 하나님이여 그들이 주께서 행차하심을 보았으니 곧 나의 하나님, 나의 왕이 성소로 행차하시는 것이라

과 나라들을 심판하실 것을 말씀하셨다. 심판은 공중권세를 잡은 악한 세력도 하나님의 주권 아래에 있으며 하나님이 온 우주의 주권자임을 말하고 있다.

예수 그리스도의 겟세마네 기도 마26:36-46,막14:32-42,눅22:39-46는 성자 하나님이 성부 하나님의 주권을 인정하는 결정적인 사건이다. 하나님의 주권 아래 자신의 모든 것을 복종시키겠다는 결단의 기도였다. 이 기도는 내 뜻대로 보다도 아버지의 뜻에 대한 순종이었다. 예수님은 하나님의 권위를 자신의 뜻보다 귀하게 여겼으며 하나님의 뜻에 따라서 행동했고 십자가에 죽기까지 철저히 순종했다.

"그가 아들이시면서도 받으신 고난으로 순종함을 배워서 온전하게 되셨은즉 자기에게 순종하는 모든 자에게 영원한 구원의 근원이 되시고" [히 5:8-9]

초대교회는 무엇보다도 하나님의 주권을 인정하였다. 성소중심에서의 신앙생활 즉 교회중심의 신앙을 소유하였다. 초대교회는 성전에 모이기를 힘쓰고 하나님의 말씀을 가르치며 배우고 기도에 힘썼다.

"날마다 마음을 같이하여 성전에 모이기를 힘쓰고 집에서 떡을 떼며 기쁨과 순전한 마음으로 음식을 먹고 하나님을 찬미하며 또 온 백성에게 칭송을 받으니 주께서 구원받는 사람을 날마다 더하게 하시니라" [행 2:46-47]

예수 그리스도를 신앙공동체인 교회의 머리로 통치자로써 고백하고 있다.

"또 만물을 그의 발 아래에 복종하게 하시고 그를 만물 위에 교회의 머리로 삼으셨느니라 교회는 그의 몸이니 만물 안에서 만물을 충만하게 하시는 이의 충만함이니라" [엡 1:22-23]

초대교회는 온 우주의 대주재가 하나님이심을 고백하고 있다. 천지와 바다와 그 가운데 만물을 지으신 존재로서 하나님을 인정했다. 사도행전 4장 24절에 "그들이 듣고 한마음으로 하나님께 소리를 높여 이르되 대주재여 천지와 바다와 그 가운데 만물을 지은 이시요"라고 말씀한 그대로다.

초대교회의 사도들은 사람보다 하나님께 순종하는 것이 마땅하다고 말하며 복음을 전하지 말라는 당시 종교 지도자들의 명령을 거부하였다.

"그들을 끌어다가 공회 앞에 세우니 대제사장이 물어 이르되 우리가 이 이름으로 사람을 가르치지 말라고 엄금하였으되 너희가 너희 가르침을 예루살렘에 가득하게 하니 이 사람의 피를 우리에게로 돌리고자 함이로다 베드로와 사도들이 대답하여 이르되 사람보다 하나님께 순종하는 것이 마땅하니라 너희가 나무에 달아 죽인 예수를 우리 조상의 하나님이 살리시고 이스라엘에게 회개함과 죄 사함을 주시려고 그를 오른손으로 높이사 임금과 구주로 삼으셨느니라 우리는 이 일에 증인이요 하나님이 자기에게 순종하는 사람들에게 주신 성령도 그러하니라 하더라" [행 5:27-32]

그들은 하나님의 주권 아래에서 죽음을 각오하고 복음을 전하였다.

초대교회의 위대한 사도였던 바울의 신앙도 철저하게 하나님의 주권을 인정하는 신앙이었는데 그는 사람이 기뻐하기보다도 하나님이 기뻐 하시기를 원한다고 하였다.

"이제 내가 사람들에게 좋게 하랴 하나님께 좋게 하랴 사람들에게 기쁨을 구하랴 내가 지금까지 사람들의 기쁨을 구하였다면 그리스도의 종이 아니니라" [갈 1:10]

바울은 하나님의 주권을 인정하고 하나님의 말씀을 선포하고 또 하나님께 순종하는 신앙을 가지며 항상 성령의 인도하심을 강조하였다.
그는 선교 사역에서도 자신이 가고자 한 비두니아가 아닌 성령의 인도하심과 하나님이 주신 환상을 따라 마게도니아로 갔다.

"성령이 아시아에서 말씀을 전하지 못하게 하시거늘 그들이 브루기아와 갈라디아 땅으로 다녀가 무시아 앞에 이르러 비두니아로 가고자 애쓰되 예수의 영이 허락하지 아니하시는지라 무시아를 지나 드로아로 내려갔는데 밤에 환상이 바울에게 보이니 마게도냐 사람 하나가 서서 그에게 청하여 이르되 마게도냐로 건너와서 우리를 도우라 하거늘 바울이 그 환상을 보았을 때 우리가 곧 마게도냐로 떠나기를 힘쓰니 이는 하나님이 저 사람들에게 복음을 전하라고 우리를 부르신 줄로 인정함이러라" [행 16:5-10]

사도 바울은 하나님이 자신을 '이방인 선교'를 위해 택하셨다고 믿었고,

그것을 위하여 기꺼이 헌신하며 하나님의 뜻을 따를수 있었다. 하나님의 주권을 인정하는 신앙의 토대는 주인 되는 자를 인정하는 것, 즉 권위 앞에 순종하는 것이다. 기독교인의 행복은 하나님의 지배하에 있을 때 얻을 수 있는 것이다. 하나님의 나라는 의와 평강과 희락이다. 하나님이 주인 되는 사람은 행복하다. 좋은 주인을 만났기 때문이다. 종은 주인의 주권에 순종하여야 행복하다.

"종들아 두려워하고 떨며 성실한 마음으로 육체의 상전에게 순종하기를 그리스도께 하듯 하라 눈가림만 하여 사람을 기쁘게 하는 자처럼 하지 말고 그리스도의 종들처럼 마음으로 그리스도의 종들처럼 마음으로 하나님의 뜻을 행하고 기쁜 마음으로 섬기기를 주께 하듯 하고 사람들에게 하듯 하지 말라 이는 각 사람이 무슨 선을 행하든지 종이나 자유인이나 주께로부터 그대로 받을 줄을 앎이라 상전들아 너희도 그들에게 이와 같이 하고 위협을 그치라 이는 그들과 너희의 상전이 하늘에 계시고 그에게는 사람을 외모로 취하는 일이 없는 줄 너희가 앎이라" [엡 6:5-9]

기독교인은 국가의 주권에 순종하고 세금을 바쳐야 한다고 성경은 말한다. 하나님께서 권세를 주셨다는 것을 인정하기 때문이다.

"각 사람은 위에 있는 권세들에게 복종하라 권세는 하나님으로부터 나지 않음이 없나니 모든 권세는 다 하나님께서 정하신 바라 그러므로 권세를 거스르는 자는 하나님의 명을 거스름이니 거스르는 자들은 심판을 자취하리라 다스리는 자들은 선한 일에 대하여 두려움이 되지 않고 악한 일에 대하여 되나니 네가 권세를 두려워하지 아니하려느냐 선을 행하라 그리하면 그에게 칭찬을 받으리라 그는 하나님의 사역자가 되어 네게 선을 베푸는 자니라 그러나 네가 악을 행하거든 두려워하라 그가 공연히 칼을 가지지 아니하였으니 곧 하나님의 사역자가 되어 악을 행하는 자에게 진노하심을 따라 보응하는 자니라 그러므로 복종하지 아니할 수 없으니 진노 때문에 할 것이 아니라 양심을 따라 할 것이라 너희가 조세를 바치는 것도 이로 말미암음이라 그들이 하나님의 일꾼이 되어 바로 이 일에 항상 힘쓰느니라 모든 자에게 줄 것을 주되 조세를 받을 자에게 조세를 바치고 관세를 받을 자에게 관세를 바치고 두려워할 자를 두려워하며 존경할 자를 존경하라" [롬 13:1-7]

가정의 주인 되시는 분은 하나님이시기에 기독교인의 가정은 무엇보다도 주권을 인정해야 한다. 아내의 주인은 남편이다. 남편을 주인으로 삼은 아내는 행복하고 남편에 대해 불만, 불평하는 아내는 불행하다. 구약성경의 아브라함의 아내 사라는 남편을 나의 주인이라고 하였다.

성경은 아내들에게 남편에게 복종하라고 말씀한다.

"아내들이여 자기 남편에게 복종하기를 주께 하듯 하라" [엡 5:22]

아내가 주인이 되는 가정은 겉으로 행복한 것처럼 보이지만 실상은 불행한 가정이다. 아내의 인정과 존경을 받는 남편의 얼굴은 밝으나 아내의 잔소리와 꾸중을 듣는 남편의 얼굴은 어둡다. 남편의 얼굴이 밝으면 가정은 밝고 남편의 얼굴이 어두우면 가정도 어둡다. 교회 생활에서는 하나님의 주권을 인정하는 교인이 되어야 행복하다. 그러나 하나님의 주권을 인정하지 않고 하나님의 주인이 되려는 사람의 마음에는 평안이 없다. 하나님의 도움을 구하는 기도가 잘못 되면 하나님께 명령하는 기도가 되기 쉽다. "하나님, 이렇게 하여 주옵소서"라고 기도 할 때 하나님께 대한 요구가 지나친 것으로 위험할 수가 있다는 얘기다. 예수님께서는 겟세마네 동산에서 "아버지여 내 뜻대로 마시옵고 아버지의 뜻대로 되게 해주옵소서"[10]라고 기도하셨다.

하나님 아버지의 뜻을 따르기보다도 자기의 뜻을 고집하는 신앙은 하나님 안에서 올바른 신앙이 아니다. 참된 신앙인의 기도는 내가 하나님을 다스리게 할 수 있게 해 달라고 하는 것이 아니라 하나님이 나를 다스려 달라고 하는 기도로 하나님의 뜻에 순종하겠다고 기도해야 한다.

교회생활에서도 하나님이 기름 부으시고 세운 주의 종을 자기 마음대로 명령하고 움직이려는 사람들이 있다면 이 사람은 결코 신앙생활이 행복하지 못하며 교회 안에서 항상 원망과 불평이 가득 차 있다. 목사나 전도사가 자기의 말을 듣지 않는다고 불평하는 사람들의 신앙생활은 행복하지 않다. 교회의 주인은 인간이 아니라 하나님이시다. 목사가 주인이 될 수 없듯이 평신도도 교회의 주인이 아니며 주의 종을 비판하거나 비난하는 것은 그 종을 세운 하나님의 주권에 도전하는 것이요, 불순종하는 것이다. 하나님이 세우셨다면 하나님께서 멸하신다. 주의 사역자들인 목사나 전도

---

[10] 눅22:42 이르시되 아버지여 만일 아버지의 뜻이거든 이 잔을 내게서 옮기시옵소서 그러나 내 원대로 마시옵고 아버지의 원대로 되기를 원하나이다 하시니

사를 비난하는 사람들을 교회 안에서 보는데, 그들은 주의 종들이 도덕적·윤리적으로 옳지 않다고 비판하지만 비난하던 주의 종이 멸망당한 후에 그들 자신도 하나님의 진노하심을 받아 멸망당하게 된다.

예수를 심판한 빌라도는 멸망당하였고 사도 바울을 비난한 자는 사탄의 종이 되었다. 하나님의 종들에게 손을 대는 자는 불행하게 된다.

"엘리의 아들들은 행실이 나빠 야훼를 알지 못하더라 그 제사장들이 백성에게 행하는 관습은 이러하니 곧 어떤 사람이 제사를 드리고 그 고기를 삶을 때에 제사장의 사환이 손에 세 살 갈고리를 가지고 와서 그것으로 냄비에나 솥에나 큰 솥에나 가마에 찔러 넣어 갈고리에 걸려 나오는 것은 제사장이 자기 것으로 가지되 실로에서 그 곳에 온 모든 이스라엘 사람에게 이같이 할 뿐 아니라 기름을 태우기 전에도 제사장의 사환이 와서 제사 드리는 사람에게 이르기를 제사장에게 구워 드릴 고기를 내라 그가 네게 삶은 고기를 원하지 아니하고 날 것을 원하신다 하다가 그 사람이 이르기를 반드시 먼저 기름을 태운 후에 네 마음에 원하는 대로 가지라 하면 그가 말하기를 아니라 지금 내게 내라 그렇지 아니하면 내가 억지로 빼앗으리라 하였으니 이 소년들의 죄가 야훼 앞에 심히 큼은 그들이 야훼의 제사를 멸시함이었더라" [삼상 2:12-17]

하나님의 주권을 인정하지 않고 하나님의 제물에 손을 대게 한 자녀들을 가진 엘리 제사장의 가문은 멸망당하였다. 사무엘상 2장 29절은 "너희는 어찌하여 내가 내 처소에서 명령한 내 제물과 예물을 밟으며 네 아들들을 나보다 더 중히 여겨 내 백성 이스라엘이 드리는 가장 좋은 것으로 너희들을 살지게 하느냐"라고 말씀하고 있다.

다윗은 사울 왕에게 손을 대지 아니하였으므로 축복을 받아 전쟁에서 죽지 아니하고 평안히 세상에서 살다가 하나님의 나라에 갔다. 그러나 하나님의 명령에 불순종한 사울 왕은 하나님께서 폐하셨으므로 그와 그의 가족은 멸망당하였다.

참된 행복은 나를 둘러싸고 보호해 주고 인도해 주시는 분 안에 있을 때 얻어지는 것이다. 밖에는 비가 오고 하늘에는 천둥이 쳐도 둥지 안에 있는 새의 새끼는 행복하다. 생애의 참된 행복은 하나님을 주권자로 삼는 것이요 그 주권 안에서 하나님의 보호와 인도함을 받는 것이다. 염려 근심이 없어야 행복하다. 어떻게 염려 근심을 없앨 수가 있을까? 하나님은 다 맡기라고 말씀하신다.

"너희 염려를 다 주께 맡기라 이는 그가 너희를 돌보심이라" [벧전 5:7]

염려 근심을 하나님께 맡겨야 행복하다. 빌립보서 4장 6절에도 "아무 것도 염려하지 말고 다만 모든 일에 기도와 간구로, 너희 구할 것을 감사함으로 하나님께 아뢰라"고 말씀한다. 하나님의 주권을 인정하고 그 권위 밑에 순종해야 한다.

2. 성령충만과 담대함

소설 [그리스인 조르바][1]에 보면 이런 대목이 나온다.

'인간의 머리란 식료품 상점과 같은 거예요. 계속 계산합니다. 얼마를 지불했고 얼마를 벌었으니까 이익은 얼마고 손해는 얼마다... (중략)... 가진 걸 다 걸어 볼 생각은 않고 꼭 예비금을 남겨 두니까. 이러니 줄을 자를 수 없지요'

이렇게 양다리를 걸쳐서는 하나님이 주시는 부요함을 맛볼 수 없다. 그런데도 사람들은 물질적인 부요함을 통해 행복을 얻으려하며 '돈이 많은 부자는 행복할 것이다'라고 생각한다. "큰 회사의 사장쯤 되면 분명이 행복할 것이다"라고 말하고 부러워한다.

그러나 실상 물질이 부요한 사람들 중에도 불행한 사람들이 많다. 물질의 부요가 행복해지기 위한 하나의 조건은 될 수 있어도 '행복' 그 자체는 아니다. 빨리 부자가 되려고 하는 사람들은 부정, 부패를 하다가 결국은 패망으로 마친다. 잠언 28장 26절에 "속히 부하고자 하는 자는 형벌을 면하지 못하리라"고 성경은 경고한다.

무엇보다도 의롭게 행하는 사람에게 행복이 있다. 악인의 멸망을 보고 의인은 진리를 깨닫게 된다. 시편 52편 6-7절은 "의인이 보고 두려워하며 또 그를 비웃어 말하기를 이 사람은 하나님을 자기 힘으로 삼지 아니하고 오직 자기 재물의 풍부함을 의지하며 자기의 악으로 스스로 든든하게 하

---

1) 그리스인 조르바(Vios ke politia tu Aleksi Zorba) 니코스 카잔차키스의 소설

던 자라 하리로다"라고 말씀한다.

신앙적인 행복을 체험하지 못한 상태에서 진정한 행복을 찾을 수는 없다. 다윗의 행복은 하나님의 영이 함께 하시기 때문이었다. 다윗은 행복할 것이라고 생각하고 밧세바와 간통하여 하나님께 범죄하였는데 그때도 가장 먼저 염려한 것은 '하나님의 영이 떠나면 어찌하나'였다. 그리하여 그는 하나님의 성령을 거두지 말아달라고 기도한다.

"나를 주 앞에서 쫓아내지 마시며 주의 성령을 내게서 거두지 마소서"
[시 51:11]

하나님의 영이 떠나면 불행해질 것을 알았기 때문이다.

시대가 발전하여 구조에서 테러까지 무인항공기가 활용되는 때다. 사람이 타지않고 무선으로 유도되는 드론(Drone)이 그것이다. 그 기술은 인류의 호기심으로 남아 있는 우주로 확대되어 2017년에 화성에 무인탐사선을 보내게 된다. 그 무인 탐사선이 무사히 귀환하게 되면 2030년엔 4명의 우주인을 탐사선에 태워 화성으로 보내지는데 가는 편도거리만 8개월 이상 걸리는 먼거리 우주여행이다. 이 모든 것이 IT기술이 집적된 칩(Chip)에 의해 좌우되는데 그 개발속도가 놀랍다. 신기술로 장착된 새 제품을 손에 쥐는 순간 이미 개발자들은 그 몇배에 해당되는 신제품을 준비하고 있다는 것이다. 몇 년전까지만 해도 가정에서 쓰는 개인용 컴퓨터들이 요즘처럼 수요가 줄어들줄을 누가 예상했겠는가.

이 세상의 모든 것은 변하게 되어 있다. 행복과 불행은 서로 교차점을 이루기도 하고 바뀌기도 한다.

신앙적인 행복은 영원한 것이다. 왜냐하면 신앙의 대상인 하나님은 영원불변하시기 때문이다. 이 세상에는 인간에게 불행을 가져오는 존재가 있다. 바로 마귀, 귀신이다. 마귀를 쫓아내야 하는데 인간을 괴롭히는 귀신을 쫓아내려면 하늘나라의 능력이 임하고 성령의 능력이 있어야 한다.

"그러나 내가 하나님의 성령을 힘입어 귀신을 쫓아내는 것이면 하나님의 나라가 이미 너희에게 임하였느니라" [마 12:28]

신앙적인 행복을 누리려면 행복의 근원 되시는 하나님의 영이 함께 하여야 한다.

다윗의 성공과 그의 행복의 근원은 무엇보다도 그의 신앙심에서 찾아볼 수 있다. 이새의 여덟 번째 아들인 일개 목동이었던 다윗이 이스라엘의 가장 존경받는 왕이 되고, 이스라엘 민족의 메시아적 사상의 본이 되었다.

하나님께서는 불순종한 사울 왕을 버리시고 그의 후임 왕을 택하시려고 사무엘을 이새의 집에 보내신다.

"야훼께서 사무엘에게 이르시되 내가 이미 사울을 버려 이스라엘 왕이 되지 못하게 하였거늘 네가 그를 위하여 언제까지 슬퍼하겠느냐 너는 뿔에 기름을 채워 가지고 가라 내가 너를 베들레헴 사람 이새에게로 보내니 이는 내가 그의 아들 중에서 한 왕을 보았느니라 하시는지라"[삼상 16:1]

사무엘은 이새의 일곱 아들을 다 보았지만 하나님이 아니라고 말씀하신다. 사람은 외모를 보거니와 야훼는 그 중심을 보신다고 하셨다.

"야훼께서 사무엘에게 이르시되 그의 용모와 키를 보지 말라 내가 이미 그를 버렸노라 내가 보는 것은 사람과 같지 아니하니 사람은 외모를 보거니와 나 야훼는 중심을 보느니라 하시더라" [삼상 16:7]

다윗이 사무엘 선지자로부터 왕으로 선택을 받기위해 그의 앞에 섰을 때 하나님께서 그에게 기름 부으라고 하셨다. 하나님께서 다윗을 택하신 이유를 야훼와 마음이 합한 자라고 하셨다.

"폐하시고 다윗을 왕으로 세우시고 증언하여 이르시되 내가 이새의 아들 다윗을 만나니 내 마음에 맞는 사람이라 내 뜻을 다 이루리라 하시더니" [행 13:22]

하나님의 사랑과 은총을 입은 자는 누구일까?

외모가 좋고 세상적인 카리스마가 있는 사울왕은 하나님의 선지자 사무엘의 말을 순종치 아니하고 거역하였을 뿐 아니라 자기 행동의 타당성을 변명하였고 사무엘은 사울 왕의 행위를 불순종이라고 규정하였다. 사무엘이 다윗에게 양각 뿔 병에 있는 감람유를 부을 때에 성령의 감동이 있었으며 다윗은 야훼의 영으로 크게 감동하였다.

"사무엘이 기름 뿔병을 가져다가 그의 형제[2] 중에서 그에게 부었더니 이 날 이후로 다윗이 야훼의 영에게 크게 감동되니라 사무엘이 떠나서 라마로 가니라" [삼상 16:13]

'감동되니라'는 '강하게 하다', '성공시키다'의 의미이다. 야훼의 감동은 다윗의 삶을 결정짓는 중요한 사건이다. 다윗에게 기름을 부었고 또 신의 감동이 있었다는 것은 일개의 평범한 목동이었던 자를 이스라엘의 왕으로 삼는 결정적인 사건이었으며, 중요한 의식이었다. 기름부음과 야훼의 영의 감동은 다윗에 주어진 특정한 일이었다. 기름을 붓는 것은 구약시대에 있었던 의식으로 제사장, 선지자, 왕을 임명할 때 하는 의식이었다.

성령의 기름부음을 받은 다윗이 수금[3]을 탈 때 악령에게 고통당하는 사울 왕이 치료를 받았다.

"하나님께서 부리시는 악령이 사울에게 이를 때에 다윗이 수금을 들고 와서 손으로 탄즉 사울이 상쾌하여 낫고 악령이 그에게서 떠나더라" [삼상 16:23]

---

2) 다윗의 형제
 엘리압, 아비나답, 시므아, 느다넬, 랏대, 오셈
3) 수금(Harp)
 현악기의 일종. 삼각형 또는 사각형의 모양. 밝은 음색으로 감사 드릴 때 연주하였으며 예배 때나 전쟁에서 승리하고 돌아올 때 연주하였다. 다윗이 사울왕앞에서 수금탈 때 악신이 떠나갔으며, 창4:21에는 유발이 수금 연주자의 조상으로 나온다.

성령의 기름부음은 다윗이 블레셋의 장군 골리앗과 대결할 수 있게 한다.

이스라엘 왕 사울과 온 이스라엘의 군대가 블레셋장군 골리앗[4]을 크게 두려워하며 이스라엘은 싸우자는 골리앗의 말을 들었다.

"그가 서서 이스라엘 군대를 향하여 외쳐 이르되 너희가 어찌하여 나와서 전열을 벌였느냐 나는 블레셋 사람이 아니며 너희는 사울의 신복이 아니냐 너희는 한 사람을 택하여 내게로 내려보내라 그가 나와 싸워서 나를 죽이면 우리가 너희의 종이 되겠고 만일 내가 이겨 그를 죽이면 너희가 우리의 종이 되어 우리를 섬길 것이니라 그 블레셋 사람이 또 이르되 내가 오늘 이스라엘의 군대를 모욕하였으니 사람을 보내어 나와 더불어 싸우게 하라 한지라" [삼상 17:8-10]

다윗은 형들에게 아버지의 심부름으로 양식을 가져다 주려고 왔을 때 다윗의 형제들도 두려워서 떨고 있었고 다윗은 골리앗을 두려워하지 않는다고 말한다.

"다윗이 곁에 서 있는 사람들에게 말하여 이르되 이 블레셋 사람을 죽

---

[4] 골리앗(Goliath)
블레셋 장수. 2.9m에 달하는 큰 키에 철 600세겔에 달하는 창날을 들고 이스라엘과의 전쟁에 나왔다.(삼상17:4-11)

여 이스라엘의 치욕을 제거하는 사람에게는 어떠한 대우를 하겠느냐 이 할례 받지 않은 블레셋 사람이 누구이기에 살아 계시는 하나님의 군대를 모욕하겠느냐" [삼상 17:26]

그는 골리앗에게 '만군의 야훼 이름으로 왔다'고 담대하게 대하였다.

"다윗이 블레셋 사람에게 이르되 너는 칼과 창과 단창으로 내게 나아 오거니와 나는 만군의 야훼의 이름 곧 네가 모욕하는 이스라엘 군대의 하나님의 이름으로 네게 나아가노라" [삼상 17:45]

다윗은 이 전쟁에서 승리할 것을 믿었다.

"오늘 야훼께서 너를 내 손에 넘기시리니 내가 너를 쳐서 네 목을 베고 블레셋 군대의 시체를 오늘 공중의 새와 땅의 들짐승에게 주어 온 땅으로 이스라엘에 하나님이 계신 줄 알게 하겠고 또 야훼의 구원하심이 칼과 창에 있지 아니함을 이 무리에게 알게 하리라 전쟁은 야훼께 속한 것인즉 그가 너희를 우리 손에 넘기시리라" [삼상 17:46-47]

다윗은 그가 평상시 양을 칠 때에 사용하였던 물맷돌 다섯 개를 가지고 그것을 던져서 골리앗을 죽였다.

"다윗이 이같이 물매와 돌로 블레셋 사람을 이기고 그를 쳐죽였으나 자기 손에는 칼이 없었더라 다윗이 달려가서 블레셋 사람을 밟고 그의 칼을 그 칼 집에서 빼내어 그 칼로 그를 죽이고 그의 머리를 베니 블레셋 사람들이 자기 용사의 죽음을 보고 도망하는지라" [삼상 17:50-51]

믿음 있는 사람은 담대해야 한다. 사도바울은 하나님께 대한 믿음의 확신으로 담대하였으므로 위대한 사역을 이룰 수 있었다. 하나님의 도움을 받는 신앙인은 담대하게 말하되 "내가 사람을 두려워하지 않겠노라 사람이 내게 어찌하리요"라고 선포할 수 있어야 한다.

"그러므로 우리가 담대히 말하되 주는 나를 돕는 이시니 내가 무서워하지 아니하겠노라 사람이 내게 어찌하리요 하노라" [히 13:6]

성경은 담대함이 큰 상을 얻는다고 말씀한다. 히브리서 10장 35절에 "그러므로 너희 담대함을 버리지 말라 이것이 큰 상을 얻게 하느니라"라고 되어있다. 하나님이 주신 마음은 두려워하는 마음이 아니다.

"하나님이 우리에게 주신 것은 두려워하는 마음이 아니요 오직 능력과 사랑과 절제하는 마음이니" [딤후 1:7]

하나님은 광풍을 만난 사울에게 그의 사명을 확인시키고 두려워 말라고 말씀하셨다.

"바울아 두려워하지 말라 네가 가이사 앞에 서야 하겠고 또 하나님께서 너와 함께 항해하는 자를 다 네게 주셨다 하였으니" [행 27:24]

미국의 트루먼[5] 대통령은 은퇴하고 고향인 미주리주의 인디펜던스에 살았다. 어느 날 트루먼 기념도서관에 갔을 때 한 무리의 아이들이 지도교사와 함께 트루먼에게 다가왔다. 그 중 한아이가 질문했다.

"대통령께서는 제 나이였을 때 인기가 아주 많고 학교에서는 물론 반장이었겠지요?"

"정반대란다. 아주 눈이 나빠 안경이 없을 땐 시각장애자와 같았고, 재주도 없었고, 운동도 잘하지 못했고, 누가 큰 소리만 질러도 바들바들 떠는 겁쟁이었단다."

"그런데 어떻게 대통령이 되셨어요?"

"성경말씀을 믿었지. 하나님이 함께 하시면 하지 못할 일이 없다는 말씀 말이야. 그래서 나는 중단하거나 포기하지 않고 재주도 없었지만 끝까지 노력했단다. 하나님이 내 등 뒤에 계시니까 말이다."

초대교회에서 일꾼으로 집사들을 선발하였을 때 그들은 성령이 충만한 자들이었다. **사도행전 6장 3절**에 "**형제들아 너희 가운데서 성령과 지혜**

---

5) 트루먼(Harry S Truman)
　트루먼은 대통령으로서 역사상 가장 중대한 결정들을 내렸다. V-E데이('유럽에서의 승리'의 날) 직후 일본을 상대로 한 전쟁은 최종 단계에 다다랐다. 일본은 연합군의 항복 권유를 묵살했다. 보좌관들과의 협의 끝에 트루먼은 전쟁준비의 본거지였던 두 도시에 원폭 투하를 명령했다. 이 두 도시는 히로시마와 나가사키였다. 일본의 즉각적인 항복이 뒤따랐다.

가 충만하여 칭찬 받는 사람 일곱을 택하라 우리가 이 일을 그들에게 맡기고"라고 선발기준이 명확히 나온다. 하나님께서는 성령충만한 사람에게 성령의 은사를 주시고 또한 성령의 열매를 맺게 해 주신다.

"오직 성령의 열매는 사랑과 희락과 화평과 오래 참음과 자비와 양선과 충성과 온유와 절제니 이같은 것을 금지할 법이 없느니라" [갈 5:22-23]

하나님께서는 구하는 자에게 은사를 주신다고 하셨다. 이 은사와 열매는 하나님의 능력이며, 성품이다. 하나님의 능력과 성품을 소유한 자는 참으로 성공하고 행복해질 수 있다.

성령의 은사는 지혜, 지식, 믿음, 병 고침, 능력 행함, 예언함, 영들 분별함, 각종 방언을 말함, 방언 통역함이다.

"어떤 사람에게는 성령으로 말미암아 지혜의 말씀을, 어떤 사람에게는 같은 성령을 따라 지식의 말씀을, 다른 사람에게는 같은 성령으로 믿음을, 어떤 사람에게는 한 성령으로 병 고치는 은사를, 어떤 사람에게는 능력 행함을, 어떤 사람에게는 예언함을, 어떤 사람에게는 영들 분별함을, 다른 사람에게는 각종 방언 말함을, 어떤 사람에게는 방언들 통역함을 주시나니 이 모든 일은 같은 한 성령이 행하사 그의 뜻대로 각 사람에게 나누어 주시는 것이니라" [고전 12:8-11]

성령의 열매는 사랑, 희락, 화평, 오래참음, 자비, 양선, 충성, 온유, 절제이다.

> "오직 성령의 열매는 사랑과 희락과 화평과 오래 참음과 자비와 양선과 충성과 온유와 절제니 이같은 것을 금지할 법이 없느니라" [갈 5:22-23]

사람들은 왜 불행한가? 육신의 일을 도모하기 때문이다. 육체의 소욕은 결코 만족을 줄 수 없다. 육신의 일이란 무엇일까? 육체의 일은 분명하다. 음행, 더러움, 호색, 우상숭배, 주술, 원수 맺는 것, 분쟁, 시기, 분냄, 당 짓는 것, 분열함, 이단, 투기, 술취함, 방탕함 같은 것들이다. 이런 일을 하는 자들은 하늘나라의 유업을 받지 못한다. 육체의 소욕을 따라 사는 사람들은 하늘나라의 참된 성공을 얻지도 못하며 진실된 행복을 누리지도 못한다.

죄 지은 사람에게는 수치와 부끄러움이 있다.
하나님의 말씀에 불순종하여 선악과를 먹은 아담과 하와는 하나님을 피해서 숲에 숨었으며 그들의 수치를 나뭇잎으로 가렸다. 수치와 부끄럼이 있는 사람은 결코 행복할 수가 없으며 법적으로나 도덕적으로 떳떳하고 담대한 사람이 행복을 누릴 수가 있다. 죄짓고 양심적으로 가책을 느끼는 사람은 겉으로는 담대한 것 같으나 그 속에는 부끄럼과 두려움이 가득 차 있다. 범죄자들이 TV에 나오는 것을 보면 그들은 거의 다 자기의 얼굴을 손으로 가리거나 다른 물건으로 자신을 가린다.
왜 그럴까? 부끄럽고 수치스러울 뿐만 아니라 사람들 앞에 서기가 두렵기 때문이다. 사람들은 자기 죄악이 드러날 때 자신의 모습을 감추고 싶어하는데 이것은 불행한 자신의 모습을 드러내기 싫어하기 때문이다.

하나님이 내 안에 계시고 성령으로 충만함 받은 자는 하나님 앞과 세상 앞에도 두려움이 없고 담대하게 된다. 하나님 앞에 서기를 두려워하거나 세상에서 부끄러움을 당하는 것은 성령 충만한 삶이 아니다.

사람들은 성령충만을 육체적으로 생각하고 물질의 축복으로 생각한다. 성령의 소욕은 육체의 소욕과 다르다. 서로 둘이 대적함으로써 서로 이루지 못하게 한다.

"내가 이르노니 너희는 성령을 따라 행하라 그리하면 육체의 욕심을 이루지 아니하리라 육체의 소욕은 성령을 거스르고 성령은 육체를 거스르나니 이 둘이 서로 대적함으로 너희가 원하는 것을 하지 못하게 하려 함이니라" [갈 5:16-17]

육체적인 사람은 항상 율법적으로 모든 문제를 해결하려 한다. 그렇기 때문에 율법 아래에서는 정죄는 있지만 자유함 즉, 행복이 없다. 그래서 갈라디아서 5장 18절에서 "너희가 만일 성령의 인도하시는 바가 되면 율법 아래에 있지 아니하리라"고 바울은 말한다.

행복은 자유함에 있지 구속함에 있는 것이 아니다. 자유를 박탈당하고 속박을 당하고 괴로움을 당하는 자는 불행한 자들이다.
참된 자유를 어떻게 얻을까? 거짓은 자유하게 하지 못하고 진리가 자유하게 한다.

"진리를 알지니 진리가 너희를 자유롭게 하리라" [요 8:32]

예수 그리스도는 길이요 참된 진리이며, 그 속에 영원한 생명이 있다.

"예수께서 이르시되 내가 곧 길이요 진리요 생명이니 나로 말미암지 않고는 아버지께로 올 자가 없느니라" [요 14:6]

거짓에 감추어진 인생을 사는 사람은 실상 실패자요 불행한 사람이다. 자신의 모습을 숨긴 채 살고 있으면서 자기의 존재에 대한 의식력을 상실한 사람은 불행하다. 무엇을 하여야 할지 또 왜 사는지를 모르고 그럭저럭 하루를 살아가는 사람은 성공할 수 없으며 행복할 수도 없다.

"그 후에 내가 내 영을 만민에게 부어 주리니 너희 자녀들이 장래 일을 말할 것이며 너희 늙은이는 꿈을 꾸며 너희 젊은이는 이상을 볼 것이며" [욜 2:28]

그러므로 성령 충만한 사람은 장래가 있고 꿈과 이상이 있다. 꿈과 이상을 갖는 성령 충만한 사람은 생의 능력과 삶의 목적이 주어진다. 사도행전 1장 8절에 "오직 성령이 너희에게 임하시면 너희가 권능을 받고 예루살렘과 온 유대와 사마리아와 땅 끝까지 이르러 내 증인이 되리라 하시니라"고 말씀한다. 소망 없는 사람은 불행하며 소망이 없으면 삶의 생기가 메말라 간다. 다윗은 언제나 삶의 에너지가 넘쳤으며 꿈이 있었고 장래가 있었다. 그가 골리앗을 이긴 후에 사람들이 춤추며 노래하기를 사울이 죽인 자는 천천이요 다윗은 만만이라고 하였다.

 "무리가 돌아올 때 곧 다윗이 블레셋 사람을 죽이고 돌아올 때에 여인들이 이스라엘 모든 성읍에서 나와서 노래하며 춤추며 소고와 경쇠를 가지고 왕 사울을 환영하는데 여인들이 뛰놀며 노래하여 이르되 사울이 죽인 자는 천천이요 다윗은 만만이로다 한지라"[삼상 18:6-7]

 사무엘로부터 다윗이 기름부음 받는 것은 그가 장차 이스라엘의 왕이 될 것을 말한다.

 성령 충만의 삶과 성령의 기름부음은 하나님의 축복과 성공의 삶을 갖게 한다. 성령으로 말미암아 예수 그리스도의 영을 가진 사람은 하나님의 택하신 족속이요 왕 같은 제사장이며 거룩한 나라요 그의 소유된 백성이다. 베드로전서 2장 9절에 "그러나 너희는 택하신 족속이요 왕 같은 제사장들이요 거룩한 나라요 그의 소유가 된 백성이니 이는 너희를 어두운 데서 불러 내어 그의 기이한 빛에 들어가게 하신 이의 아름다운 덕을 선포하게 하려 하심이라"고 말씀한다.
 예수님은 성령의 기름부음으로 말미암아 하늘의 능력을 받아 메시아적 사명으로 포로 된 자에게 자유, 눈 먼 자를 다시 보게 함, 눌린 자를 자유하게 하였다고 말씀했다.

 "선지자 이사야의 글을 드리거늘 책을 펴서 이렇게 기록된 데를 찾으시니 곧 주의 성령이 내게 임하셨으니 이는 가난한 자에게 복음을 전하게 하시려고 내게 기름을 부으시고 나를 보내사 포로 된 자에게 자유를, 눈 먼 자에게 다시 보게 함을 전파하며 눌린 자를 자유롭게 하고"[눅 4:17-18]

오순절 날의 성령 충만 받은 사도 베드로는 로마의 백부장의 집에서 예수 그리스도의 사역을 '성령의 기름 부으심'이었다고 증거하였다. 나사렛 예수에게 하나님이 성령과 능력으로 기름 부으셔서 능력이 나타났고, 선한 일을 행하셨으며 마귀에 눌린 모든 자를 고치셨다고 증거한다.

"하나님이 나사렛 예수에게 성령과 능력을 기름 붓듯 하셨으매 그가 두루 다니시며 선한 일을 행하시고 마귀에게 눌린 모든 사람을 고치셨으니 이는 하나님이 함께 하셨음이라" [행 10:38]

성령의 기름부음[6]은 하나님이 함께 하실 때의 증거이다.

로마의 백부장 집에 성령이 임하자 그곳에 있었던 사람들은 방언을 말하며 하나님을 높였다.

"베드로가 이 말을 할 때에 성령이 말씀 듣는 모든 사람에게 내려오시니 베드로와 함께 온 할례 받은 신자들이 이방인들에게도 성령 부어 주심으로 말미암아 놀라니 이는 방언을 말하며 하나님 높임을 들음이러라" [행 10:44-46]

---

6) 성령의 기름부음 (Anointing)

성령 충만을 받으면 장래에 소망이 주어지는데 노인에게는 꿈, 젊은이에게는 이상이 있게 되며, 하늘로부터 능력을 받아 하늘나라의 복음인 예수 그리스도를 증거하는 사명자가 된다. 사도 바울은 예수 그리스도의 복음 전파 사명자가 된 것을 기뻐하고 또한 영광으로 생각하는 것이 하나님의 은혜라고 말한다.

"그러나 내가 나 된 것은 하나님의 은혜로 된 것이니 내게 주신 그의 은혜가 헛되지 아니하여 내가 모든 사도보다 더 많이 수고하였으나 내가 한 것이 아니요 오직 나와 함께 하신 하나님의 은혜로라" [고전 15:10]

그는 수고하고 애쓰는 것도 복음을 위한 것이라면 보람 있고 가치 있는 일이라고 믿으며 디모데전서 4장 10절에 "이를 위하여 우리가 수고하고 힘쓰는 것은 우리 소망을 살아 계신 하나님께 둠이니 곧 모든 사람 특히 믿는 자들의 구주시라"고 말씀한다. 또한 골로새서 1장 29절에 "이를 위하여 나도 내 속에서 능력으로 역사하시는 이의 역사를 따라 힘을 다하여 수고하노라"고 스스로 고백했듯이 사도 바울의 삶은 성령의 역사를 따라 힘을 다하여 수고한 삶이었다.

보람되고 가치 있는 삶을 사는 사람은 담대한 삶을 살 수가 있고 또한 담대하게 살게 될 때 삶의 가치가 더욱 귀하게 된다. 담대함은 긍정적이며 적극적인 사람이 갖는 성품으로 담대한 사람은 앞으로 나아가고 뒤로 물러나는 소극적인 사람은 담대하지 못하다.

예수님은 소의 쟁기를 잡고 뒤를 돌아보지 말라고 했다.
누가복음 9장 62절에 "예수께서 이르시되 손에 쟁기를 잡고 뒤를 돌아보는 자는 하나님의 나라에 합당하지 아니하니라 하시니라"고 말씀한다.

믿음의 사람은 후회함이 없으며 담대한 사람은 뒤로 물러가 침륜에 빠지지 않는다. 히브리서 10장 39절에 "우리는 뒤로 물러가 멸망할 자가 아니요 오직 영혼을 구원함에 이르는 믿음을 가진 자니라"고 말씀한다.

담대하게 산다는 것은 한 생애를 사는 동안에 긍정적이며 적극적인 사람들이 취하는 가장 기본적인 자세이다. 자신의 힘과 능력을 믿고 담대하게 사는 사람이 있는데 자신의 힘과 능력이 큰 일에 부딪혀서 산산조각이 나고 무너질 때 그들은 담력도 사라지고 절망하게 된다.

바벨로니아에게 유다가 멸망당할 때 많은 왕족, 귀족출신들이 포로로 잡혀 갔다. 그중에 스룹바벨이란 사람이 있었는데 페르시아에서부터 예루살렘에 유다의 총독으로 왔던 유다의 왕족출신인 스룹바벨은 자기의 힘으로 모든 일을 하려고 하다가 절망하는 것을 체험하였다. 그는 바사 왕 고레스의 칙령에 의해 바벨로니아에게 약탈당한 성전 기물을 가지고 유다인 50,000명을 인솔하여 예루살렘에 왔고 파사에서 귀환하여 두 차례에 걸친 예루살렘성전 건축을 시도하였다. 그는 자기의 힘과 능력으로 모든 일을 해낼 수 있으리라고 믿었고, 대제사장 예수아가 더불어 단을 쌓고 신앙부흥을 일으키며 성전건축을 시작하였으나 가나안 거민의 반대가 너무나 심했다. 그들은 물리적으로 성전건축을 방해할 뿐 아니라 아닥사스다 왕에게 거짓으로 투서하여 왕의 조서로 인하여 공사가 중단 된 적이 있었다. 선지자 학개와 스가랴의 독려와 스룹바벨의 열심으로 성전건축 공사가 재개 되고 마침내 제2예루살렘성전이 재건되는데 이 때 하나님께서 스룹바벨에게 하신 말씀이 너의 힘과 능력으로 되지 않지만 하나님의 신으로 될 것이라는 말씀이었다.

"그가 내게 대답하여 이르되 야훼께서 스룹바벨에게 하신 말씀이 이러하니라 만군의 야훼께서 말씀하시되 이는 힘으로 되지 아니하며 능력으로 되지 아니하고 오직 나의 영으로 되느니라" [슥 4:6]

'하나님의 신'으로 된다는 것은 성령의 능력을 말한다. 하나님의 신이 임하고 성령의 기름부음이 있으면 성령 충만하게 되며 하늘의 능력이 부여되면 담대하게 일을 할 수가 있는 것이다.

긍정적인 믿음은 '할 수 있다, 하면 된다, 해 보자'이다. 예수님께서도 긍정적인 믿음은 하나님의 능력으로 기적을 일으킨다고 하셨다.

"내가 진실로 너희에게 이르노니 누구든지 이 산더러 들리어 바다에 던져지라 하며 그 말하는 것이 이루어질 줄 믿고 마음에 의심하지 아니하면 그대로 되리라" [막 11:23]

담대한 믿음은 의심치 않는 것이다. 두려움은 의심을 가져다준다. 베드로가 예수 그리스도의 말씀을 듣고 바다 위를 걸을 때 바람을 보자 두려움이 생겼고 그는 걷지 못하고 물속에 빠졌다. 주님은 물에 빠진 베드로를 구원하시면서 왜 의심하였느냐고 책망하셨다.

"제자들이 그가 바다 위로 걸어오심을 보고 놀라 유령이라 하며 무서워하여 소리 지르거늘 예수께서 즉시 이르시되 안심하라 나니 두려워하지 말라 베드로가 대답하여 이르되 주여 만일 주님이시거든 나를 명하사 물 위로 오라 하소서 하니 오라 하시니 베드로가 배에서 내려 물 위로 걸어서 예수께로 가되 바람을 보고 무서워 빠져 가는지라 소리 질러 이르되 주여 나를 구원하소서 하니 예수께서 즉시 손을 내밀어 그를 붙잡으시며 이르시되 믿음이 작은 자여 왜 의심하였느냐 하시고" [마 14:26-31]

담대함은 생각과 마음에서뿐만 아니고 입술과 말에서도 나타나야 하는데 로마서 10장 10절에 "사람이 마음으로 믿어 의에 이르고 입으로 시인하여 구원에 이르느니라"고 말씀하는 것처럼 믿고 시인하면 믿는 바가 이루어지는 것이다.

성령으로 기름부음 받은 다윗에게는 악령을 쫓는 능력이 있었고 골리앗을 대면할 수 있는 담대함도 있었다. 그가 어느 곳에 가든지 하나님이 함께 하셨으므로 어디를 가든지 이기게 해주셨다.

"다윗이 다메섹 아람에 수비대를 두매 아람 사람이 다윗의 종이 되어 조공을 바치니라 다윗이 어디로 가든지 야훼께서 이기게 하시니라" [삼하 8:6]

우리들도 성령충만하면 하나님이 함께 계시고 담대하게 하나님의 말씀을 증거하게 되며 하나님께서는 표적과 기사를 통하여 하늘나라를 증거하신다.

"제자들이 나가 두루 전파할새 주께서 함께 역사하사 그 따르는 표적으로 말씀을 확실히 증언하시니라" [막 16:20]

성령이 충만[7]하게 된 자에게는 성령의 능력을 통하여 믿는 자의 표적이 나타난다.

"믿는 자들에게는 이런 표적이 따르리니 곧 그들이 내 이름으로 귀신을 쫓아내며 새 방언을 말하며 뱀을 집어올리며 무슨 독을 마실지라도 해를 받지 아니하며 병든 사람에게 손을 얹은즉 나으리라 하시더라" [막 16:17-18]

성령이 충만하면 하나님의 능력을 받을 뿐 아니라 하나님을 더욱더 의지하게 되며 담대해질 수밖에 없다. 하나님을 의지하는 자가 하나님의 복을 받고 행복해진다. 시편 84편 12절에 "만군의 야훼여 주께 의지하는 자는 복이 있나이다"라고 말씀한다. 왕이 야훼를 의지한다고 고백하였다. 시편 21편 7절에 "왕이 야훼를 의지하오니 지존하신 이의 인자함으로 흔들

---

7) 신약에서의 성령 임함
성령의 임하심은 모든 사람에게 복음전파와 봉사할 수 있는 능력과 체험을 제공하여 주었다. 환란과 핍박 중에서도 하나님의 복음을 담대히 증거할 수 있는 능력과 품성을 하나님의 성령으로부터 받았다.

리지 아니하리이다"고 말씀한다. 야훼를 의지하는 자는 영원하다. 시편 125편 1절에 "야훼를 의지하는 자는 시온 산이 흔들리지 아니하고 영원히 있음 같도다"라고 말씀한다.

다윗에게 기름 부음과 성령의 감동이 있었다는 것은 하나님이 다윗과 함께 하셨다는 의미로 다윗에게는 내면적인 하나님의 임재와 외면적인 능력의 임함이 있었다. 다윗도 살아계신 하나님이 자신과 함께 하심을 믿었으며 사람들이 다윗 소년을 보고 '야훼께서 그와 함께 계시더이다'라고 할 정도였다.

"소년 중 한 사람이 대답하여 이르되 내가 베들레헴 사람 이새의 아들을 본즉 수금을 탈 줄 알고 용기와 무용과 구변이 있는 준수한 자라 야훼께서 그와 함께 계시더이다 하더라" [삼상 16:18]

다윗의 신앙은 생동감이 있었다. 그는 그와 함께 하시는 살아계신 하나님을 믿었고 어떤 일을 하든지 담력을 가지고 담대하게 적극적으로 행동했다. 이런 신앙은 만군의 야훼의 이름으로 골리앗과의 싸움에 나아간 것을 통해 볼 수 있다. '하나님의 이름으로 나아간다'는 선포는 하나님이 나와 함께 하신다는 강한 느낌이 없이는 할 수 없는 것이다.

하나님의 영광을 위한다면 그는 적극적으로 행동했다. 성령의 감동을 받은 다윗은 하나님이 함께하시고 강하게 하신다는 믿음을 통해 전쟁승리의 영웅이 될 수 있었다.

어떤 아이가 유치원에 다니는데 밤에 잠자리에 들면서 기도를 했다.

"하나님! 이렇게 해주시고요. 저렇게 해주세요. 그리고 잠 잘 자게 해주세요. 예수님의 이름으로 기도합니다. 아멘!"

그런데 기도가 끝나고 나면 이 아이는 꼭 춤을 추면서 찬양을 하는 것이었다. 이상하게 생각한 엄마가 "얘! 너는 기도한 다음에 왜 찬양하고 춤을 추니?" 그러자 아이는 웃음 띤 얼굴로 대답했다. "엄마, 하나님께 너무 슬픈 얘기만 많이 해서 죄송해서 그래요. 하나님을 좀 기쁘게 해드리려구요."

다윗이 그랬다. 하나님의 마음을 기쁘게 할 줄 하는 사람이었다. 그에게는 하나님 마음에 합할 수밖에 없는 믿음이 있었다. 그 믿음은 은혜로만 가능했다.

나의 묵상

3. 사랑하는 것과 용서하는 것

1. 하나님은 사랑이시다.

　사람은 누군가를 사랑[1]하고 싶고, 또 사랑을 받고 싶어 한다. 사람은 또한 인정받고 싶어 한다. 사랑과 거리가 먼 삶을 사는 사람은 인간 사회의 몰인정과 냉랭함의 불행에서 허덕이면서 산다. 다른 사람을 사랑할 수도 없고, 또한 다른 사람에게 사랑을 받을 수 없는 사람은 불행한 사람이다. 사람은 누구든지 사랑이란 말에 약하며 사랑을 받고 주고 싶어한다. 사랑이 없으면 외롭고 고독하기 때문이다.

　어느 날 비행기가 고장을 일으켜 무인도로 불시착하게 되었는데 간신히 목숨을 건진 세 사람은 하나님을 믿는 신실한 크리스천들이었다. 세 사람은 그날부터 기도를 시작했다. 물론 '살려 달라'는 기도였다. 하루 이틀 사흘 나흘... 기다리고 기다려도 아무런 응답이 없었다. 그런데 기도를 시작한지 100일째 되던 날 하늘에서 하나님의 음성이 들렸다.

　하나님 : A야, 무엇을 해주길 원하느냐?
　A　　 : 네. 저는 가족들이 있는 집으로 지금 당장 가고 싶습니다.
　하나님 : 그래, 네 믿음대로 될지어다. (순간 A는 집으로 '뿅'하고 사라졌다)
　하나님 : B야, 너는 무엇을 해주길 원하느냐?
　B　　 : 네, 저도 빨리 집으로 가고 싶습니다.
　하나님 : 너도 네 믿음대로 될지어다. (순간 B도 집으로 '뿅'하고 사라졌다)

---

1) 사랑
　마5:7, 요일4:7-11, 고전13:4-7용서마6:14-15, 막11:2

하나님 : C야, 너도 집으로 가길 원하느냐?

C   : 아닙니다. 전 집도 없고 가족도 없습니다.

그래서 저는 이 무인도에서 A와 B 랑 같이 사는게 제 소망입니다.

하나님 : 그래, 네 믿음대로 될지어다. (순간 집으로 사라졌던 A와 B가 '뿅'하고 무인도에 다시 나타났다)

왜 사랑해야 하나? 인간은 하나님의 형상대로 지음 받았기 때문이다. 하나님은 인간 속에 사랑을 넣으셨다. 사랑하면 행복해지기 때문이다. 사랑은 인간 정서에서 가장 기본적인 치유제이고 인생의 모든 문제는 사랑이 있어야 해결될 수 있다. 사랑은 사람을 행복하게 하고 미움은 불행하게 한다. 미움이 있는 곳에는 시기, 분쟁으로 말미암아 다툼을 일으키고 인생을 파멸에 이르게 하는데 인간관계에서 오는 불행을 치료할 수 있는 것은 사랑과 용서 밖에 없다. 사람은 남의 허물을 용서함으로 사랑할 수 있고, 또한 나의 잘못을 용서받음으로 사랑을 받을 수 있다. 사랑하는데 용서 못 하면 불행한 사람이 된다. 남에게 증오와 좌절을 주는 그 사람은 결코 그 자신도 행복할 수 없고 남에게 사랑과 기쁨을 주는 사람은 자신의 생애를 사랑과 기쁨으로 장식할 수 있다. 남에게 용기와 위로를 주는 사람이 다른 사람에게서 용서와 위로를 받을 수 있으며 성경은 긍휼히 여기는 자가 긍휼히 여김을 받는다고 하였다.

"긍휼히 여기는 자는 복이 있나니 그들이 긍휼히 여김을 받을 것임이요"
[마 5:7]

동양 기독교계의 위대한 인물 중에 일본의 가가와 도요이꼬 선생이 있는데 그는 빈민굴 전도를 위해 일생을 바친 사람이다.

그는 살인자, 도박꾼 창녀, 알코올 중독자, 마약 중독자 등 사회에서 소외된 사람들을 전도하고 구제하기 위해 갖은 고생을 다했다.

한번은 그가 일하는 현장을 보겠다며 가가와 도요이꼬의 친구가 와서 보니 그 현실이 너무도 한심한 것이다. 겨우 몇 명 앉혀놓고 예배를 드리고 있는데, 어떤 청년이 와서 예배드리고 있는 창녀를 불러내는가 하면 술 취한 사람이 들어와서는 돌을 던져 얼굴에 상처를 내기도 한다.

더욱 어처구니없는 일은 예배가 끝난 후 어떤 사람이 "예배에 참석해 주었으니 그 대가로 돈을 달라"고 요구하는 것이었다. 그는 도박할 돈이 필요하다고 했다. 가가와 도요이꼬 선생은 "그렇습니까"하고 돈을 주어 보냈다.

이 광경을 보고 있던 친구는 "자네 쓸데없는 일을 하고 있군. 이건 위선이야! 이것이 도덕적으로 옳은 것이며 사회적으로 옳은 것인가? 이건 오히려 악을 조장하고 있는 거잖아!"하며 안타까워했다.

그러자 가가와 도요이꼬 선생은 "다만 예수님께서 하시던 일을 조금 흉내 내서 하고 있을 뿐이지. 그래도 끝까지 사랑하고, 끝까지 믿어 주는 길밖에는 도리가 없지 않아?"라고 대답했다.

우리가 믿는 하나님은 사랑이시며 사랑의 원동력은 하나님이시다. 하나님의 사랑을 받지 못한 자는 진정한 의미의 사랑을 이해하지 못한다. 하나님의 사랑하심과 보호하심과 인도하심을 받고 따르며 사는 사람에게는 평안과 안정이 있고 진정한 의미에서 행복할 수가 있다. 내적인 불만이 있으면 진정으로 행복하다고 할 수가 없다.

성경은 하나님을 의지하는 자가 복이 있다고 말씀한다. 시편 84편 12절에 "만군의 야훼여 주께 의지하는 자는 복이 있나이다"라고 말씀한다. 하나님이 그의 자녀들에게 주기 원하시는 것이 사랑이며 성경은 하나님을 사랑하는 자들에게 서로 사랑할 것을 권면한다.

찬송가 314장은 그러한 하나님의 사랑을 찬양한다.

찬송314장 : 내 구주 예수를[2]

내 구주 예수를 더욱 사랑
엎드려 비는 말 들으소서
내 진정 소원이 내 구주 예수를
더욱 사랑 더욱 사랑

내 구주 예수를 더욱 사랑
엎드려 비는 말 들으소서

---

2) 찬송가 314장
  죠지 루이스 목사의 사모인 엘리사벳 페이슨 프렌티스는 선천적으로 몸이 약했다. 많은 시간을 침상에 누워서 보내야 했다. 그러다 보니 자연스럽게 사람들과 만나는 시간보다는 하나님과 만나는 조용한 시간이 많아지게 되었고, 그녀는 영감이 떠오를 때마다 틈틈이 시를 써서 문단에 주목을 끌기도 했다. 결혼한 지 11년이 되던 해인 1856년 어느 날, 당시 유행하던 전염병으로 사랑하는 두 자녀를 한꺼번에 잃게 되었고 늘 병약하던 그녀로서는 정말 견디기 어려운 시련이었다. 그 어려움을 극복하고 성령의 감동을 받아 시를 썼고, 13년후에 작곡가 윌리엄 하워드 던에 의해 작곡되어 세상에 나오게 됐다.

내 진정 소원이 내 구주 예수를
더욱 사랑 더욱 사랑

내 맘에 슬픔이 찾아와도
기쁨을 주시는 주 예수님
언제나 하는 말 더욱 사랑 더욱 사랑

이 세상 떠날 때 찬양하고
숨질 때 하는 말 이것일세
다만 내 비는 말 내 구주 예수를
더욱 사랑 더욱 사랑

"사랑하는 자들아 우리가 서로 사랑하자 사랑은 하나님께 속한 것이니 사랑하는 자마다 하나님으로부터 나서 하나님을 알고 사랑하지 아니하는 자는 하나님을 알지 못하나니 이는 하나님은 사랑이라 하나님의 사랑이 우리에게 이렇게 나타난 바 되었으니 하나님이 자기의 독생자를 세상에 보내심은 그로 말미암아 우리를 살리려 하심이라 사랑은 여기 있으니 우리가 하나님을 사랑한 것이 아니요 하나님이 우리를 사랑하사 우리 죄를 속하기 위하여 화목제물로 그 아들을 보내셨음이라 사랑하는 자들아 하나님이 이같이 우리를 사랑하셨은즉 우리도 서로 사랑하는 것이 마땅하도다" [요일 4:7-11]

하나님의 사랑은 아가페의 사랑이다. 사도 바울은 고린도전서 13장에서 아가페의 사랑을 말하는데 인내하고 온유하며 시기하지 않는다. 또한 자랑과 교만이 없고 무례히 행하지 않고 이기주의를 버리고 성내지 않고 악한 것을 생각하지 않는다. 불의를 기뻐하지 아니하고 진리에 거하는 의롭고 거룩하고 성결한 사랑이다.

"사랑은 오래 참고 사랑은 온유하며 시기하지 아니하며 사랑은 자랑하지 아니하며 교만하지 아니하며 무례히 행하지 아니하며 자기의 유익을 구하지 아니하며 성내지 아니하며 악한 것을 생각하지 아니하며 불의를 기뻐하지 아니하며 진리와 함께 기뻐하고 모든 것을 참으며 모든 것을 믿으며 모든 것을 바라며 모든 것을 견디느니라" [고전 13:4-7]

2. 사랑은 용서다

아가페의 사랑은 용납하는 사랑이며 용서하는 사랑이다. 아가페의 사랑은 용서가 필수적이다. 하나님은 아가페 사랑을 하셨다. 아가페의 사랑은 희생적이며, 헌신적이며, 이타적이다. 이 사랑은 사랑을 받을 수 없는 자를 사랑하는 사랑이다. 아름다운 모습도 없고, 귀하지도 아니하고, 추하고, 보잘 것 없음에도 사랑하는 사랑이다.

이 세상 사람들은 에로스의 사랑을 한다. 사랑 받을 만하고 아름답고 귀한 사람들을 사랑한다. 그래서 사랑받기를 원하는 사람들은 자기 자신을 아름답게 치장한다. 볼 것 없고 추한 자는 에로스 사랑의 대상이 되지 못하지만 아가페 사랑의 포용성에는 이러한 볼 것 없고 추한 자도 다 포함된다. 이 사랑에는 긍휼함이 있다. 긍휼함은 불쌍히 여기는 것이다. 하나님은 불쌍히 여기셨고 그래서 용서하셨다. 예수님도 죄 짓고 멸망당할 수

밖에 없는 인류를 불쌍히 여기시고 구원하셨다. 예수님은 누구든지 그의 앞에서 불쌍히 여겨 달라는 사람들을 다 용납하셨고, 그들의 소원을 들어주셨다. 병든 자는 고쳐 주셨고, 맹인들은 다시 보게 해주셨다. 용서가 없는 사랑은 형식은 있어도 내용이 없는 것과 같다. 용서와 사랑에는 대가성이 있다. 사랑받는 자는 또한 사랑을 베풀어야 하고 용서 받는 자는 용서해야 한다.

토마스 아 켐피스[3] Thomas a Kempis는 '그리스도를 본받아' De Imitatione Christi에서 다음과 같이 말하고 있다.

'사람이 겸허하게 자기의 잘못을 인정하면 다른 사람을 쉽게 진정시키고 화난 사람을 화해시켜 줄 수도 있다. 사랑과 용서는 겸손의 바탕에서 일어나고 교만한 사람에게는 사랑과 용서가 없다. 하나님은 겸손한 자를 보호하시고 구원하신다. 하나님께서는 겸손한 자에게 은혜를 베푸시고 사랑하시고 가까이 하신다.'

예수님은 빚진 자가 탕감 받는 비유를 통해 설명하신다.

"그 때에 베드로가 나아와 이르되 주여 형제가 내게 죄를 범하면 몇 번

---

3) 토마스 아 켐피스 (1380~1471)
독일의 수도자, 종교사상가. 라인강 하류지방 켐펜에서 태어나, 데벤터의 공동생활형제회의 학교에서 공부하고, 1399년 15세 위인 형 요안네스가 원장이었던 아우구스티누스 참사회의 수도원에 들어갔다.

이나 용서하여 주리이까 일곱 번까지 하오리이까 예수께서 이르시되 네게 이르노니 일곱 번뿐 아니라 일곱 번을 일흔 번까지라도 할지니라 그러므로 천국은 그 종들과 결산하려 하던 어떤 임금과 같으니 결산할 때에 만 달란트 빚진 자 하나를 데려오매 갚을 것이 없는지라 주인이 명하여 그 몸과 아내와 자식들과 모든 소유를 다 팔아 갚게 하라 하니 그 종이 엎드려 절하며 이르되 내게 참으소서 다 갚으리이다 하거늘 그 종의 주인이 불쌍히 여겨 놓아 보내며 그 빚을 탕감하여 주었더니 그 종이 나가서 자기에게 백 데나리온 빚진 동료 한 사람을 만나 붙들어 목을 잡고 이르되 빚을 갚으라 하매 그 동료가 엎드려 간구하여 이르되 나에게 참아 주소서 갚으리이다 하되 허락하지 아니하고 이에 가서 그가 빚을 갚도록 옥에 가두거늘 그 동료들이 그것을 보고 몹시 딱하게 여겨 주인에게 가서 그 일을 다 알리니 이에 주인이 그를 불러다가 말하되 악한 종아 네가 빌기에 내가 네 빚을 전부 탕감하여 주었거늘 내가 너를 불쌍히 여김과 같이 너도 네 동료를 불쌍히 여김이 마땅하지 아니하냐 하고 주인이 노하여 그 빚을 다 갚도록 그를 옥졸들에게 넘기니라 너희가 각각 마음으로부터 형제를 용서하지 아니하면 나의 하늘 아버지께서도 너희에게 이와 같이 하시리라" [마 18:21-35]

하나님의 용서는 인간의 용서를 전제로 한다. 마태복음 6장 14-15절에 "너희가 사람의 잘못을 용서하면 너희 하늘 아버지께서도 너희 잘못을 용서하시려니와 너희가 사람의 잘못을 용서하지 아니하면 너희 아버지께서도 너희 잘못을 용서하지 아니하시리라"고 말씀한다. 응답 받는 기도에는 용서가 필수적이다.

"서서 기도할 때에 아무에게나 혐의가 있거든 용서하라 그리하여야 하늘에 계신 너희 아버지께서도 너희 허물을 사하여 주시리라 하시니라" [막 11:25]

용서가 없는 기도는 사랑이 없는 기도이다. 이기적이고, 자기중심적인 사람은 자기 밖에 모르며 다른 사람에게 관심도 없고 용납도 없다. 다른 사람의 경우를 생각하여 다른 사람의 입장에서 보는 것이 용서인데 나의 입장에서는 용납이 안 돼도 다른 사람의 입장에 서서 보면 이해가 되고 용납이 되는 경우가 많다.

어느 집사님이 부부 싸움을 했다. 남편이 가정 일에는 너무 신경을 쓰지 않았기 때문에 바가지를 긁다가 싸움이 되었다. 속이 상해서 장바구니를 들고 장을 보려고 시장에서 이것저것을 둘러보는데 누가 뒤에서 소리를 쳤다.

"아주머니! 사과하고 감사하세요."

아니 이게 무슨 소리? 내가 부부싸움을 하고 나온 걸 누가 알았지? 사과하고 감사하라니? 뒤를 돌아다보았다. 그런데 그 소리는 과일장사가 한 말이었다. "사과하고 감 사세요."

그런데 그 순간 이 집사님은 그 소리를 하나님의 음성으로 들었다.

'아! 남편에게 사과하고 오히려 감사해야지.'

이 집사님은 정말 사과하고 감을 샀다. 남편에게 사과를 내놓았다.

"사과하니까 사과 드세요."

그 다음 감을 내놓았다.

"감 드세요. 감사드려요."

어리둥절한 남편에게 아까 일을 설명했다. 그리고 "여보, 아까는 제가 미안했어요. 바깥일에 신경 쓰실 일도 많은데, 제가 감사해야죠." 그랬더니 남편이 밥을 다 먹고 나서 설거지까지 해주었다는 이야기다.

용서는 막힌 담을 허물어 버린다. 막힌 담을 허물 수 있는 사랑의 능력이 그 속에 있기 때문이다. 하나님의 사랑의 용서는 인류의 죄를 잊어버리는 것이다.

"동이 서에서 먼 것 같이 우리의 죄과를 우리에게서 멀리 옮기셨으며" [시 102:12]

기독교인의 참된 신앙에 용서가 없다면 거짓 껍데기 신앙이다. 하나님을 진정으로 사랑하는 사람은 이웃도 사랑해야 한다. 하나님의 용서를 받은 사람은 그의 이웃도 용서해야 한다. 달이 태양의 빛을 받아 비추듯이 우리 성도들은 하나님의 사랑을 받아 세상에 비추어야 한다. 사랑이 위대한 것은 사랑에 긍휼함이 있고, 긍휼함에는 용서와 치료가 있다는 것이다. 상처 난 가정의 치료는 사랑으로 이루어지는 용서이다. 서로 다른 사람을 용납하여야 한다. 용서 속에는 위로가 있고, 용납이 있다. 남의 잘못만 따지면 정죄함은 있어도 용서는 없다. 예수님은 용서의 횟수를, 따르는 제자에게 7번의 70번이라도 하라고 하셨다.

다윗의 마음에는 하나님에 대한 사랑이 가득 차 있었다. 그는 하나님을 사랑한다고 고백하였다. 시편 18편 1절에 "나의 힘이 되신 야훼여 내가 주를 사랑하나이다"라고 말씀한다. 다윗은 하나님의 사랑을 받은 사람으로 다윗의 사랑은 야훼 중심적이었다. 야훼를 사랑하였으며, 야훼의 성전을 사랑했다. 시편 27편 4절에 "내가 야훼께 바라는 한 가지 일 그것을 구하리니 곧 내가 내 평생에 야훼의 집에 살면서 야훼의 아름다움을 바라보며 그의 성전에서 사모하는 그것이라"고 말씀한다.

다윗은 '하나님의 사랑'을 나타내었다. 다윗의 사랑은 용서할 수 있는 사랑이었다. 자기를 죽이려는 사울 왕을 다윗은 용서하였고 사울왕의 죽음을 보고 가슴 아파하면서 그는 울었다. 자기를 괴롭혔던 자를 어떻게 용서할 수 있었을까?

다윗은 자기를 배신하고 이혼 당했던 미갈을 그가 왕이 된 후에 다시 아내로 맞이하였다. 어떻게 이렇게 할 수가 있었을까? 답은 사랑과 용서이다. 하나님을 사랑하고 또 이웃을 사랑하는 것이 하나님이 원하시는 인격적인 성품인 율법의 완성으로 이루어진다.

"예수께서 사두개인들로 대답할 수 없게 하셨다 함을 바리새인들이 듣고 모였는데 그 중의 한 율법사가 예수를 시험하여 묻되 선생님 율법 중에서 어느 계명이 크니이까 예수께서 이르시되 네 마음을 다하고 목숨을 다하고 뜻을 다하여 주 너의 하나님을 사랑하라 하셨으니 이것이 크고 첫째 되는 계명이요 둘째도 그와 같으니 네 이웃을 네 자신 같이 사랑하라 하셨으니 이 두 계명이 온 율법과 선지자의 강령이니라" [마 22:34-40]

사랑은 율법의 완성이다. 로마서 13장 10절에 "사랑은 이웃에게 악을 행하지 아니하나니 그러므로 사랑은 율법의 완성이니라"고 말씀한다. 불의하고 추악하며 불완전한 사람에게서 의롭고 아름답고 완전한 사랑을 기대할 수 있을까? 이것은 철학적인 질문이라기 보다는 신앙적인 질문이다. 타락한 인간의 성품 속에는 이기적이며 자기중심적이고 탐욕적인 사랑이 꿈틀거리고 있다. 이런 사람에게는 용서란 말이 아무 의미 없이 들린다. 아가페의 사랑은 용서가 필수적이다. 아가페의 사랑은 자비와 긍휼이다. 불쌍히 여기는 자비의 마음이 없으면 용서가 없다. 용서가 빠진 사랑에는 항상 공허감이 쌓여 사랑하려 해도 실망이 되어 사랑할 수 없게 된다. 사랑한다 하면서도 원망, 불평 속에 살며 이는 원망, 불평을 사랑으로 착각하고 있는 것이다. 사랑하기 때문에 불평한다고 믿는 사람이 있다. 이런 사랑도 불행이다. 하나님께서 사랑하시는 아가페의 사랑은 용서를 동반한다. 죄와 허물로 죽을 수밖에 없는 인류를 사랑한 하나님의 사랑이 용서를 동반한 아가페의 사랑이다. 죄를 짓고 죄의 용서가 없는 사람에게는 행복이 없다. 죄 사함을 받고 죄가 가려진 자가 복이 있다고 성경은 말하고 있다.

가정은 아가페의 사랑이 되어야 행복하지만 대부분 에로스의 사랑만으로 행복하려고 한다. 에로스의 사랑으로 모든 사랑을 해결하려면 불행해진다. 에로스의 사랑은 육체적·물질적·이기적·탐욕적이다. 이런 사랑은 받으려고만 할뿐 주려고 하지 않으며 도리어 받지 못한다고 불평한다. 자기중심적· 자기본위적· 자기이기적이며, 자기의 만족만을 위한 사랑에는 다툼이 있고, 다툼이 있는 곳에는 행복보다는 불행이 있다.

교회 안에서 신앙생활을 하는 사람은 아가페의 사랑이 되어야 한다. 에로스적인 사랑인 자기만족을 추구하면 교회에서도 외로워진다. 자기를 알아주고, 자기에게 친절하게 대해주고, 자기만 위해서 있는 교회가 사랑의 교회라고 생각한다면 이는 그리스도인의 참사랑인 아가페가 아니며 이런 사람에게는 마귀가 틈타서 원망, 불평하게 하고, 교회 생활을 하지 못하고 나가던 교회를 떠나게 한다. 교회의 사랑도 아가페적인 사랑으로 용납하고 용서해야 한다. 행복하려면 용서해야 한다.

누군가 그랬다. 맥도날드 햄버거에 사이드 메뉴side menu로 나오는 감자튀김을 먹을 때 토마토케첩을 안찍어 먹는건 용서가 안된다고. 그런데 재미있는 것은 '토마토 케첩'에서 케첩이란 단어의 어원을 영어로 아는 사람이 많이 없다는 점이다. 케첩은 현재 타이완의 원주민과 중국 푸젠성에서 쓰는 사투리 아모이amoy어이다. 푸젠어로 조개를 소금에 절여 만든 액젓이라는 뜻이다. 원래 케첩은 생선 소스였다. 미국에서 케첩으로 거듭나기까지는 네덜란드와 영국 선원들의 힘이 컸다. 영국의 부유층들은 아시아에서 들여온 이 소스를 케첩으로 발전시켰다. 사람들은 말한다. 토마토 케첩 찍어 먹는 감자튀김을 맛을 아냐고. 거기서 행복을 말하기도 한다.

요셉은 행복하게 인생을 마친 사람이다. 아버지의 사랑을 받고 자란 요셉은 성장 과정이 행복하였고 또한 아버지를 사랑하여 그가 애굽의 총리대신이 된 후에 애굽에 모셔 와서 평안히 일생을 살게 하였다. 하나님의 사랑을 받은 자들은 사랑을 줄 수 있다.

다윗은 하나님을 사랑하는 것을 최고의 긍지로 여겼다. 다윗이 왕으로 기름부음을 받으려고 사무엘 앞에 섰을 때 그의 아름다운 용모가 성경에 사랑스럽게 표현되어 있다.

"이에 사람을 보내어 그를 데려오매 그의 빛이 붉고 눈이 빼어나고 얼굴이 아름답더라 야훼께서 이르시되 이가 그니 일어나 기름을 부으라 하시는지라" [삼상 16:12]

다윗은 하나님께 대하여 사랑이란 단어를 아름답게 표현하고 있다. 다윗은 하나님의 사랑을 인자하심으로 말하였다.

다윗과 요나단과의 사랑이야기는 참된 우정의 사랑phileo을 보여주고 있다. 자기를 죽이려는 사울 왕의 아들과의 우정은 다윗이 행복하였다는 것을 보여준다. 친구의 사랑만큼 큰 것이 없다고 주님은 말씀하셨다. 하나님의 사랑을 아는 다윗은 하나님의 용서하심을 믿었다. 다윗은 잘못에 대한 긍정적인 방법인 용서를 알았고 다윗이 압살롬의 난을 피하여 도망갔을 때 시므이는 다윗을 저주하고 욕하였지만 다윗은 자기를 저주하고 욕하는 시므이를 용서하였다. 셋째 아들 압살롬이 첫째 암논을 죽였을 때 다윗은 압살롬을 용서해 주었다. 또한 자기의 명령에 불순종하여 압살롬을 죽인 요압 장군을 용서해 주었다.

용서란 두 글자가 빠진 사랑은 항상 공허감 속에 싸여 있으며 사랑하려 해도 실망하여 사랑할 수 없게 된다.

하나님께서 사랑하시는 아가페의 사랑은 용서를 동반한 사랑이다. 죄를 짓고 죄의 용서가 없는 사람에게는 행복이 없다. 죄 사함을 받고 죄가 가려진 자는 복이 있다고 성경은 말씀하고 있다.

"허물의 사함을 받고 자신의 죄가 가려진 자는 복이 있도다" [시 32:1]

신약성경에서 하나님의 본성은 사랑이라고 말씀하고 있다.

"하나님이 우리를 사랑하시는 사랑을 우리가 알고 믿었노니 하나님은 사랑이시라 사랑 안에 거하는 자는 하나님 안에 거하고 하나님도 그의 안에 거하시느니라" [요일 4:16]

우주적인 사랑의 시작은 하나님이시다. 예수 그리스도의 구속적인 삶이 하나님의 사랑에서 시작되었다.

"그가 우리를 위하여 목숨을 버리셨으니 우리가 이로써 사랑을 알고 우리도 형제들을 위하여 목숨을 버리는 것이 마땅하니라" [요일 3:16]

예수님이 요단강에서 세례 요한으로부터 물세례를 받으실 때 '너는 나의 사랑하는 아들이라'는 성부 하나님의 음성이 있었다. 인류를 위한 하나님의 사랑은 예수 그리스도의 십자가 상에서의 죽음으로 잘 나타나 있다. 사도 바울은 예수의 죽음은 하나님의 사랑의 확증이라고 말하였다.
"우리가 아직 죄인 되었을 때에 그리스도께서 우리를 위하여 죽으심으로 하나님께서 우리에 대한 자기의 사랑을 확증하셨느니라" [롬 5:8]

하나님의 사랑이 먼저 그의 자녀들에게 주어졌다. 즉 하나님이 먼저 사랑하셨다. 요한일서 4장 10절에 "사랑은 여기 있으니 우리가 하나님을 사랑한 것이 아니요 하나님이 우리를 사랑하사 우리 죄를 속하기 위하여 화목 제물로 그 아들을 보내셨음이라"고 말씀한다.

다윗의 하나님에 대한 사랑은 의존적이며 하나님을 사랑하는 자는 하나님을 의지한다. 하나님은 다윗을 사랑했고 그 사랑을 받은 다윗도 역시 하나님을 사랑한다고 고백하였다.

다윗은 나의 힘이 되신 야훼를 사랑한다고 고백하였다.

"나의 힘이신 야훼여 내가 주를 사랑하나이다" [시 18:1]

하나님의 사랑에는 긍휼함이 있다. 긍휼함이란 인간의 연약함과 부족함을 불쌍히 여기고, 용서하고 용납하는 것으로 상대방의 잘못을 따지거나 비판하지 않는다.
하나님의 사랑에는 대가성이 있다. 하나님의 사랑을 받은 자는 하나님의 사랑을 나타내야 한다.

"사랑하는 자들아 하나님이 이같이 우리를 사랑하셨은즉 우리도 서로 사랑하는 것이 마땅하도다" [요일 4:11]

하나님의 긍휼함에 힘입어 사랑을 받은 자는 다른 사람을 긍휼히 여겨야 한다. 예수님은 빚을 탕감해준 주인의 비유로 사랑의 빚을 이야기하셨다. 도움을 받은 자 또한 도와주는 자가 되어야 한다. 사회적으로 소외된 400명의 환난 당한 자와 빚진 자와 마음이 원통한 자가 와서 도움을 구하면서 함께하였다.

"환난 당한 모든 자와 빚진 모든 자와 마음이 원통한 자가 다 그에게로 모였고 그는 그들의 우두머리가 되었는데 그와 함께 한 자가 사백 명 가량이었더라" [삼상 22:2]

하나님의 사랑을 받는 자 또한 하나님의 의를 나타내야 한다. 즉, 긍휼과 은혜를 받은 자는 다른 사람에게 긍휼과 은혜를 베풀어야 한다. 자기중심적이며 이기적인 사랑을 가진 사람은 자기만족을 위해 일하지만 결국 자기모순에 빠지게 되어 불쌍하게 되며 내가 남을 사랑하는데, 남은 나를 사랑하지 않는다고 불평하게 된다.

4.
기도와
찬양의 행복

사람이 이 세상을 사는 동안 한 번도 어려움에 봉착하지 않을 수는 없지만 이럴 때에 의지할 곳도 없고 도움을 받을 수도 없다면 외롭고 불행하다. 외롭고 고독할 때 사람들은 누군가와 대화를 하기 원한다. 누군가가 나의 어려운 사정을 잘 이해해주고, 들어준다면 이것은 마음의 상처가 있는 사람에게 큰 위로가 되기 때문이다. 고아의 가장 큰 고민은 나와 함께 하는 사람이 없다는 것이다. 부모 밑에서 자란 아이는 그에게 관심이 있고 돌보아 주는 부모가 있으며 또 그와 함께 하는 형제들이 있다.

'기도[1]'의 의미는 광범위한 의미에서는 교제를 의미하지만 좁은 의미에서는 간구, 즉 내가 필요한 것을 구한다는 의미이다. 사람은 부족한 것이 채워질 때 행복함을 느끼고 어려웠던 문제가 누군가의 도움으로 해결될 때 행복하게 된다. 좋은 일이 있을 때 노래를 부르며 행복감을 만끽하며 기쁨으로 부르는 찬양도 사람들로 하여금 행복하게 만든다.

하나님은 불행한 삶보다 행복한 삶을 살기를 원하신다. 사랑하는 자녀들이 행복하기를 원하시기 때문에 영혼이 잘 됨같이 범사에 잘 되고 강건하기를 원하신다.

---

1) 〈핵심요약〉
  1. 다윗은 어려울 때 일수록 기도했다.
  2. 다윗은 주의 도움을 간구했다.
  3. 다윗은 부모보다도 하나님을 의지했다.
  4. 하나님의 능력을 눈 앞에서 체험하게 하는 것이 기도이다.
  5. 찬양은 곡조있는 기도이다.
  6. 하나님은 그의 백성의 찬송중에 거하 신다.
  7. 다윗의 행복은 찬양에 있었다.

하나님을 믿고 사는 사람의 생애는 감사함으로 하나님께 나아가면서 찬송하는 삶이다.

"감사함으로 그의 문에 들어가며 찬송함으로 그의 궁정에 들어가서 그에게 감사하며 그의 이름을 송축할지어다" [시 100:4]

다윗의 마음 깊은 곳으로부터의 행복의 간구는 하나님을 향한 기도에서 볼 수 있다. 하나님께서 주시는 평안이 아니면 진정으로 행복할 수 없다는 것을 그는 잘 알고 있었다. 그래서 그에게는 항상 하나님을 향한 간구가 있었고 그것은 주의 인자와 자비로 이루어지는 행복이었다.

다윗은 사울 왕을 피하여 도망 다닐 때 외로웠다. 있을 곳이 없어서 블레셋 가드 아기스 왕에게 피신하였을 때 다윗은 살기 위하여 미친 척하였으나 그는 불행하지 않았다. 왜냐하면 기도할 수 있었기 때문이다. 다윗은 외로울 때마다 야훼 하나님께 기도하였고 범죄하여 회개할 때에도 하나님께 기도하였다.

기도할 수 있다는 것은 행복을 찾는 출구가 있다는 것이다. 누군가에게 속을 털어 놓고 싶을 때 하지 못하면 불행하지만 하나님께 자기의 속을 털어 놓을 수 있다는 것은 행복한 일이다. 외롭고 고독할 때 함께 해줄 수 있는 사람이 있다면 그 사람은 불행하지 않다.

하나님께서 함께 하심을 믿는 것은 큰 위로이며 행복이다. 사람들은 의지할 곳이 없어 어려움을 당해도 도움을 받을 수가 없기 때문에 외롭고 불행하다.

다윗은 외로울 때 하나님께 기도하는 것과 하나님을 의지하는 것을 배웠다.

"야훼여 은총을 베푸사 나를 구원하소서 야훼여 속히 나를 도우소서 내 생명을 찾아 멸하려 하는 자는 다 수치와 낭패를 당하게 하시며 나의 해를 기뻐하는 자는 다 물러가 욕을 당하게 하소서 나를 향하여 하하 하하 하며 조소하는 자들이 자기 수치로 말미암아 놀라게 하소서 주를 찾는 자는 다 주 안에서 즐거워하고 기뻐하게 하시며 주의 구원을 사랑하는 자는 항상 말하기를 야훼는 위대하시다 하게 하소서 나는 가난하고 궁핍하오나 주께서는 나를 생각하시오니 주는 나의 도움이시요 나를 건지시는 이시라 나의 하나님이여 지체하지 마소서" [시 40:13-17]

하나님을 도움으로 삼는 자는 복된 자이다.

"야곱의 하나님을 자기의 도움으로 삼으며 야훼 자기 하나님에게 자기의 소망을 두는 자는 복이 있도다" [시 146:5]

다윗은 하나님의 인도를 받기 위해서 기도하였다.

"야훼여 주의 긍휼을 내게서 거두지 마시고 주의 인자와 진리로 나를 항상 보호하소서" [시 40:11]

그는 또한 하나님의 인도를 받아 진리로 행할 것을 위해서 기도하였다.

"야훼여 주의 도를 내게 가르치소서 내가 주의 진리에 행하오리니 일심으로 주의 이름을 경외하게 하소서" [시 86:11]

어려움을 당할 때 그는 하나님께 자기의 어려움을 기도하였다.

"야훼께서 환난 날에 나를 그의 초막 속에 비밀히 지키시고 그의 장막 은밀한 곳에 나를 숨기시며 높은 바위 위에 두시리로다" [시 27:5]

숯을 1700도의 고열로 가열한 뒤 높은 기압의 무게로 압축시키면 바로 그 순간에 빛이 변하여 아름다운 색의 다이아몬드가 된다. 극한 상황속에서 숯이 다이아몬드가 되듯이 신앙도 불같은 시련을 통하여 금보다 귀한 믿음의 사람이 되어간다. 시편 66:10절에 "하나님이여 주께서 우리를 시험하시되 우리를 단련하시기를 은을 단련함 같이 하셨으며"라고 말씀한다.

야훼 하나님께 기도로 모든 것을 맡기고 야훼 하나님을 의지하면 하나님께서 이루어주실 것을 다윗은 확신했다.

"네 길을 야훼께 맡기라 그를 의지하면 그가 이루시고" [시37:5]

어느 교회 전도사님의 간증가운데 큰아들이 초등학생일 때의 이야기가 있다. 그때 한창 롤러스케이트 타는 것이 유행이었는데 그 아들이 그것을 사달라고 매일 엄마를 졸라댔다.

"엄마! 저 롤러 스케이트 사주세요"

전도사님은 아들이 걱정되어 좀더 크면 사주겠다고 말했다.

그러나 아들은 막무가내로 졸라대니 더 이상은 도저히 안되겠다 싶어서 마침내 롤러스케이트를 사주었다.

우리가 하나님께 저렇게 계속해서 끈질기게 기도하면 하나님의 약속이 더디올 것도 앞당길 수 있겠구나! 하나님께 우리 아들처럼 엄마에게 조르듯이 끈질기게 포기하지 않고 기도해야겠다고 깨달았다. 좋으신 하나님께서는 우리들의 매일같이 간청하는 기도에 빠른 응답과 기적의 역사를 베풀어 주신다.

다윗은 주의 도움을 간구하였다.

"주의 얼굴을 내게서 숨기지 마시고 주의 종을 노하여 버리지 마소서 주는 나의 도움이 되셨나이다 나의 구원의 하나님이시여 나를 버리지 마시고 떠나지 마소서" [시 27:9]

다윗은 원수로부터 어려움을 당할 때 야훼 하나님께 구원을 간구하였다.

"나의 앞날이 주의 손에 있사오니 내 원수들과 나를 핍박하는 자들의 손에서 나를 건져 주소서" [시 31:15]

다윗은 부모보다도 하나님을 의지하였다.

"내 부모는 나를 버렸으나 야훼는 나를 영접하시리이다" [시 27:10]

하나님의 백성이 행복해지는 비결은 하나님께 부르짖고 기도하는 것이다. 그때 하나님께서 도와주신다.

"너는 내게 부르짖으라 내가 네게 응답하겠고 네가 알지 못하는 크고 은밀한 일을 네게 보이리라" [렘 33:3]

문제로 인하여 심히 고통하고 번민할 때는 행복을 느낄 수 없다. 기도에는 문제 해결의 능력이 주어진다. 예수님께서는 귀신을 쫓는 능력을 위해 기도하라고 하셨다. 한 어린아이의 아버지가 예수께 나아와서 그의 아들의 귀신들림을 고쳐달라고 하였다. 귀신이 이 아이를 죽이려고 불에도 넘어뜨리고 물에도 던져 넣으려고 하였다. 아이의 아버지는 예수께 나아와 '무엇을 하실 수 있거든 우리를 불쌍히 여기사 도와주옵소서'라고 말하였다. 예수님께서는 '할 수 있거든이 무슨 말이냐 믿는 자에게는 능치 못함이 없다'고 말씀하셨다. 어린아이의 아버지는 '믿나이다. 나의 믿음 없음을 도와주옵소서'라고 말하였다. 예수님께서 귀신을 꾸짖으시면서 쫓아내셨다. 제자들이 어떻게 해야 자기들도 귀신을 쫓을 수 있는가를 물었을 때 주님은 '기도'라고 답하셨다. 귀신이 들면 불행해진다. 귀신을 쫓아내야 행복해진다.

"무리 중의 하나가 대답하되 선생님 말 못하게 귀신 들린 내 아들을 선생님께 데려왔나이다 귀신이 어디서든지 그를 잡으면 거꾸러져 거품을 흘리며 이를 갈며 그리고 파리해지는지라 내가 선생님의 제자들에게 내쫓아 달라 하였으나 그들이 능히 하지 못하더이다 대답하여 이르시되 믿음이 없는 세대여 내가 얼마나 너희와 함께 있으며 얼마나 너희에게 참으리요 그를 내게로 데려오라 하시매 이에 데리고 오니 귀신이 예수를 보고 곧 그 아이로 심히 경련을 일으키게 하는지라 그가 땅에 엎드러져 구르며 거품을 흘리더라 예수께서 그 아버지에게 물으시되 언제부터 이렇게 되었느냐 하시니 이르되 어릴 때부터니이다 귀신이 그를 죽이려고 불과 물에 자주 던졌나이다 그러나 무엇을 하실 수 있거든 우리를 불쌍히 여기사 도와 주옵소서 예수께서 이르시되 할 수 있거든이 무슨 말이냐 믿는 자에게는 능히 하지 못할 일이 없느니라 하시니 곧 그 아이의 아버지가 소리를 질러 이르되 내가 믿나이다 나의 믿음 없는 것을 도와 주소서 하더라 예수께서 무리가 달려와 모이는 것을 보시고 그 더러운 귀신을 꾸짖어 이르시되 말 못하고 못 듣는 귀신아 내가 네게 명하노니 그 아이에게서 나오고 다시 들어가지 말라 하시매 귀신이 소리 지르며 아이로 심히 경련을 일으키게 하고 나가니 그 아이가 죽은 것 같이 되어 많은 사람이 말하기를 죽었다 하나 예수께서 그 손을 잡아 일으키시니 이에 일어서니라 집에 들어가시매 제자들이 조용히 묻자오되 우리는 어찌하여 능히 그 귀신을 쫓아내지 못하였나이까 이르시되 기도 외에 다른 것으로는 이런 종류가 나갈 수 없느니라 하시니라" [막 9:17-29]

예수님께서는 기도하는 것이 문제해결의 비결이라고 말씀하셨다. 믿음의 기도는 병든 자를 고친다. 야고보서 5장 15절에 "믿음의 기도는 병든 자를 구원하리니 주께서 그를 일으키시리라 혹시 죄를 범하였을지라도 사하심을 받으리라"고 말씀한다.

또한 기도에는 분명히 해결하여야 할 목표가 주어지고 그 목표가 이루어질 것을 믿어야 한다고 말씀하셨다. 산에게 명하여 바다에 던져지는 기적을 일으키는 믿음에는 기도가 있어야 한다고 주님은 말씀하셨다.

"내가 진실로 너희에게 이르노니 누구든지 이 산더러 들리어 바다에 던져지라 하며 그 말하는 것이 이루어질 줄 믿고 마음에 의심하지 아니하면 그대로 되리라 그러므로 내가 너희에게 말하노니 무엇이든지 기도하고 구하는 것은 받은 줄로 믿으라 그리하면 너희에게 그대로 되리라" [막 11:23-24]

기도는 하나님과의 교제이다. 하나님과의 교제 속에서 마음의 평안을 누리게 된다. 예수님은 겟세마네 동산에서 하나님과 교제하셨고 베드로는 시간을 정해놓고 하나님과 교제하였다. 하나님은 무슨 일도 하실 수 있으며 하나님께는 불가능이 없다.

"대저 하나님의 모든 말씀은 능하지 못하심이 없느니라" [눅 1:37]

하나님의 능력을 눈앞에서 체험하게 하는 것이 기도이다. 기도할 수 있다는 것은 신앙인에게는 특권이며 예수 믿는 사람은 이런 특권을 가진 것이 곧 행복이다. 우리가 어려울 때 받는 도움 중에 가장 큰 것은 하나님의 도움이다. 맹인 바디매오가 예수께 나와 불쌍히 여겨 달라고 구하여 예수님의 도움을 받고 고침을 받았다.

"그들이 여리고에 이르렀더니 예수께서 제자들과 허다한 무리와 함께 여리고에서 나가실 때에 디매오의 아들인 맹인 거지 바디매오가 길 가에 앉았다가 나사렛 예수시란 말을 듣고 소리 질러 이르되 다윗의 자손 예수여 나를 불쌍히 여기소서 하거늘 많은 사람이 꾸짖어 잠잠하라 하되 그가 더욱 크게 소리 질러 이르되 다윗의 자손이여 나를 불쌍히 여기소서 하는지라 예수께서 머물러 서서 그를 부르라 하시니 그들이 그 맹인을 부르며 이르되 안심하고 일어나라 그가 너를 부르신다 하매 맹인이 겉옷을 내버리고 뛰어 일어나 예수께 나아오거늘 예수께서 말씀하여 이르시되 네게 무엇을 하여 주기를 원하느냐 맹인이 이르되 선생님이여 보기를 원하나이다 예수께서 이르시되 가라 네 믿음이 너를 구원하였느니라 하시니 그가 곧 보게 되어 예수를 길에서 따르니라" [막 10:46-52]

인간의 완악함과 교만함이 우리를 도와주기 원하시는 하나님의 사랑을 거부하고 있다. 하나님께 도움을 얻지 못하는 이유는 하나님께 구하지 않기 때문이라고 성경은 말하고 있다.

"너희 중에 싸움이 어디로부터 다툼이 어디로부터 나느냐 너희 지체 중에서 싸우는 정욕으로부터 나는 것이 아니냐 너희는 욕심을 내어도 얻지 못하여 살인하며 시기하여도 능히 취하지 못하므로 다투고 싸우는도다 너

희가 얻지 못함은 구하지 아니하기 때문이요" [약 4:1-2]

하나님께 도움을 구할 때는 겸손하여야 하나님의 은혜를 받는다. 하나님은 교만한 자를 대적하신다.

"젊은 자들아 이와 같이 장로들에게 순종하고 다 서로 겸손으로 허리를 동이라 하나님은 교만한 자를 대적하시되 겸손한 자들에게는 은혜를 주시느니라 그러므로 하나님의 능하신 손 아래에서 겸손하라 때가 되면 너희를 높이시리라" [벧전 5:5-6]

거만하고 교만한 사람은 인간관계가 올바르게 형성되지 못하여 결국은 자신을 고립되게 만들고 외롭고 불행하게 된다. 은혜의 삶을 사는 자가 행복하게 된다. 성도된 우리들은 하나님께 공로를 내세울 수 없고 하나님의 긍휼과 자비하심을 구할 뿐인데 하나님의 긍휼을 구하는 것이 기도이다. 하나님은 긍휼히 여기시고 은혜를 베풀어 주신다. 기도할 때 항상 하나님의 자비하심과 인자하심을 생각해야 한다. 시편 103편 8절에 "야훼는 긍휼이 많으시고 은혜로우시며 노하기를 더디 하시고 인자하심이 풍부하시도다"라고 말씀한다.

하나님은 자비를 가지고 오셔서 우리를 긍휼히 여기신다. 야고보서 5장 11절에 보면 "보라 인내하는 자를 우리가 복되다 하나니 너희가 욥의 인내를 들었고 주께서 주신 결말을 보았거니와 주는 가장 자비하시고 긍휼히 여기시는 이시니라"고 구약성경의 욥을 들어 말씀하고 있다.

살다가 보면 어려움에 봉착하고 또한 좌절할 때가 있다. 인생의 쓴 맛을 알고 자신이 연약한 존재임을 깨닫게 될 때마다 하나님을 바라보고 기도하여야 할 것을 다윗은 고백하였다. 연약한 인간은 유혹에 빠지기도 하고 심한 좌절감에 휩싸일 때도 있지만 절망에 몸부림칠 때 신앙인은 전능자이신 하나님을 찾아 도움을 구하는 기도를 할 수 있다. 도우시는 하나님을 믿고 찬양해야 한다. 시편 42편 11절에 "내 영혼아 네가 어찌하여 낙심하며 어찌하여 내 속에서 불안해하는가 너는 하나님께 소망을 두라 나는 그가 나타나 도우심으로 말미암아 내 하나님을 여전히 찬송하리로다"고 말씀한다.

찬양은 곡조 있는 기도이며 하나님을 높이는 것이고 하나님께 대한 경배이다. 찬양은 노래이다. 사람은 좋은 일이 있을 때 기뻐하면서 노래를 부르고 행복감을 만끽한다. 기쁨으로 부르는 찬양은 사람들을 행복하게 만들어 준다.

하나님은 우리가 불행한 삶보다 행복한 삶을 살기 원하신다. 하나님을 찬양하면 행복한 삶이 된다. 성경은 하나님께 찬양할 것을 강조한다.

"찬송하라 하나님을 찬송하라 찬송하라 우리 왕을 찬송하라" [시 47:6]

우리 하나님은 찬양 받으실 분이시다.

"조상들도 그들의 것이요 육신으로 하면 그리스도가 그들에게서 나셨으니 그는 만물 위에 계셔서 세세에 찬양을 받으실 하나님이시니라 아멘"
[롬 9:5]

모든 열방이 하나님을 찬양할 것을 말씀하신다.

"또 모든 열방들아 주를 찬양하며 모든 백성들아 그를 찬송하라 하였으며" [롬 15:11]

하나님은 그의 백성의 찬송 중에 거하신다고 하셨다.

"이스라엘의 찬송 중에 계시는 주여 주는 거룩하시니이다" [시 22:3]

사람이 노래를 부를 수 있다는 것은 행복한 일이다. 몸이 아프면 노래를 부를 수가 없고 마음이 상하고 아프면 찬양하기도 싫어진다. 그러므로 찬양을 부르는 자는 행복한 자이며 또한 찬양하면 행복해진다. 다윗은 주의 이름을 사랑하는 마음으로 즐거워한다고 고백하였다. 시편 5편 11절에 "그러나 주께 피하는 모든 사람은 다 기뻐하며 주의 보호로 말미암아 영원히 기뻐 외치고 주의 이름을 사랑하는 자들은 주를 즐거워 하리이다"라고 말씀한다.

찬양 할 때는 무엇보다도 마음의 감사가 있어야 한다. 골로새서 3장 16절에 "그리스도의 말씀이 너희 속에 풍성히 거하여 모든 지혜로 피차 가르치며 권면하고 시와 찬송과 신령한 노래를 부르며 감사하는 마음으로 하나님을 찬양하고"라고 말씀한다. 원망, 불평하는 마음으로는 찬양하기 어렵다. 찬양 할 때 기쁨으로 손뼉을 치며, 찬송할 것을 성경은 말씀하고 있다. 시편 47편 1절에 "너희 만민들아 손바닥을 치고 즐거운 소리로 하나님께 외칠지어다"라고 말씀한다.

다윗의 행복한 신앙은 하나님께 찬양을 드리는 것이었다.

다윗은 감사하는 마음으로 하나님을 찬양하였다. 시편 7편 17절에 "내가 야훼께 그의 의를 따라 감사함이여 지존하신 야훼의 이름을 찬양하리로다"라고 고백하고 있다. 다윗 시대에 하나님께 드리는 제사에는 찬송과 감사의 노래가 있었다.

"옛적 다윗과 아삽의 때에는 노래하는 자의 지도자가 있어서 하나님께 찬송하는 노래와 감사하는 노래를 하였음이며" [느 12:46]

찬양은 기쁨으로 인하여 드리는 예배이다.

"그러나 주께 피하는 모든 사람은 다 기뻐하며 주의 보호로 말미암아 영원히 기뻐 외치고 주의 이름을 사랑하는 자들은 주를 즐거워하리이다" [시 5:11]

바울과 실라는 마게도니아 선교 여행시에 억울하게 빌립보 감옥 속에 갇히게 되었지만 원망, 불평하지 아니하고 하나님께 기도와 찬송을 하였다. 이에 하나님께서 감동하셔서 큰 지진이 나게 하시고 감옥의 문을 열어 주셨다.

"한밤중에 바울과 실라가 기도하고 하나님을 찬송하매 죄수들이 듣더라 이에 갑자기 큰 지진이 나서 옥터가 움직이고 문이 곧 다 열리며 모든 사람의 매인 것이 다 벗어진지라" [행 16:25-26]

성경은 고난당할 때 기도하고 기쁜 일 당할 때 찬송할 것을 성도들의 삶의 지침으로 말씀하고 있다.

"너희 중에 고난당하는 자가 있느냐 그는 기도할 것이요 즐거워하는 자가 있느냐 그는 찬송할지니라" [약 5:13]
예수 그리스도의 탄생을 알릴 때 천사들의 찬송이 있었다.

"홀연히 수많은 천군이 그 천사들과 함께 하나님을 찬송하여 이르되" [눅 2:13]

천국은 천사들의 찬양이 있는 곳이다.
"그들이 새 노래를 불러 이르되 두루마리를 가지시고 그 인봉을 떼기에 합당하시도다 일찍이 죽임을 당하사 각 족속과 방언과 백성과 나라 가운데에서 사람들을 피로 사서 하나님께 드리시고 그들로 우리 하나님 앞에서 나라와 제사장들을 삼으셨으니 그들이 땅에서 왕 노릇 하리로다 하더라" [계 5:9-10]

하나님의 보좌에서는 스랍 천사들이 찬양하고 있다.

"웃시야 왕이 죽던 해에 내가 본즉 주께서 높이 들린 보좌에 앉으셨는데 그의 옷자락은 성전에 가득하였고 스랍들이 모시고 섰는데 각기 여섯 날개가 있어 그 둘로는 자기의 얼굴을 가리었고 그 둘로는 자기의 발을 가리었고 그 둘로는 날며 서로 불러 이르되 거룩하다 거룩하다 거룩하다 만군의 야훼여 그의 영광이 온 땅에 충만하도다 하더라" [사 6:1-3]

찬양은 이 땅을 천국으로 변화시키는 것이다. 천국은 행복한 곳이다.

5. 약속을 갖는 것과 기다림의 행복

꿈과 소망이 있는 사람은 행복하다. 아무리 환경이 좋고 풍족해도 낙심과 절망이 있는 사람은 행복하지 않다. 꿈과 소망은 미래에 대한 약속이며 앞날에 대한 기대이다. 기대감을 가지고 성취를 기다리는 것도 행복이다.

성령이 인생의 행복을 가져다주는 이유는 꿈과 이상을 주시기 때문이다.

"그 후에 내가 내 영을 만민에게 부어 주리니 너희 자녀들이 장래 일을 말할 것이며 너희 늙은이는 꿈을 꾸며 너희 젊은이는 이상을 볼 것이며"
[욜 2:28]

사랑하는 사람을 만날 때 약속과 계획을 가지고 기다리는 사람은 만남의 행복에 젖어 있다. 신앙인은 선을 행하고 난 후에 피곤하여 지치지 말아야 하나님께서도 도와주신다고 하였다. 갈라디아서 6장 9절에 "우리가 선을 행하되 낙심하지 말지니 포기하지 아니하면 때가 이르매 거두리라"고 말씀한다. 어린아이의 모습은 항상 행복해 보인다. 왜일까? 어린아이의 삶은 기대로 가득 차 있기 때문이다.

기독교인에게 성경은 하나님께서 우리에게 주신 약속들이 기록되어 있는 책이다. 이 책 안에는 하나님의 구원에 대한 것이 있다. 구원은 다시 말하면 축복과 치료이며 인류의 죄로 말미암아 다가온 사망, 질병, 저주, 마귀의 압제에서 자유하게 되는 것이며 해방되는 것이다. 미래에 대한 소망은 용기와 인내를 가지게 한다.

이스라엘이 애굽의 430년간의 생활을 청산하고 가나안 땅으로 가려고 할 때 하나님은 이스라엘에게 민수기를 행하셨다.

민수기는 이스라엘의 복종을 의미한다. 하나님께서는 민수기에서 12지파[1]의 민족을 하나의 나라로 묶으셨다. 그들의 조상의 가문을 따라 계수된 자로 모든 진영의 군인 곧 계수된 자의 총계는 육십만삼천오백오십 명. 또한 민수기에 이스라엘의 진영배치가 기록되었다. 하나님이 이스라엘의 야영지에서의 각 지파의 위치를 정하고 행군의 순서를 정해 주셨다. 질서와 연합을 위한 자리를 마련해주신 것이다.

그런데 민수기에서 엘리압의 아들들의 반역과 모세에 대한 아론과 미리암의 불평은 하나님의 심판을 받았다. 하나님의 백성인 자기 스스로의 삶의 위치를 결정하고 스스로 이끌어 가는 것에 대한 하나님의 심판이었다.

오늘날도 신앙생활을 한다면서 하나님의 계시와 지시를 무시하면 이러한 반역의 유혹에 끊임없이 직면하게 된다. 소망이 없으면 인내가 어렵다. 그냥 참는다는 것이 인내가 아니기 때문이다. 인내는 참고 기다리는 것이며 하나님의 축복은 인내하는 자에게 주신다. 야고보서에 보면 농부에게서 인내를 배우라고 한다.

---

1) 지파별 인구수

지파명	인원	순위	지파명	인원	순위
르우벤	46,500	7	므낫세	32,200	12
시므온	59,300	3	베냐민	35,400	11
갓	45,650	8	단	62,700	2
유다	74,600	1	아셀	41,500	9
잇사갈	54,400	5	납달리	53,400	6
스불론	57,400	4	총계	603,550	
에브라임	40,500	10			

"그러므로 형제들아 주께서 강림하시기까지 길이 참으라 보라 농부가 땅에서 나는 귀한 열매를 바라고 길이 참아 이른 비와 늦은 비를 기다리나니 너희도 길이 참고 마음을 굳건하게 하라 주의 강림이 가까우니라" [약 5:7-8]

인내하는 농부의 모습에서 우리는 그들의 행복한 모습을 본다. 그러나 폭풍이 농작물을 쓸고 지나간 후의 농부의 모습에서 불행을 본다. 또한 농작물이 병폐로 인하여 죽어갈 때 농부의 절망적인 모습에서 삶의 비애를 느낀다. 그러나 추수할 때의 농부의 모습은 행복 그 자체이다. 씨를 심을 때에 추수할 것을 그려 보면서 미래에 대한 약속을 다짐한다. 길쌈에 수고하여도 고생하여도 괴로워하지 않고 슬퍼하지 않는다. 왜냐하면 추수에 대한 소망이 미래에 있기 때문이다. 하나님은 그를 믿는 자에게 미래의 소망이다. 하나님은 모든 것을 협력하여 좋게 만들어 주신다.

"우리가 알거니와 하나님을 사랑하는 자 곧 그의 뜻대로 부르심을 입은 자들에게는 모든 것이 합력하여 선을 이루느니라" [롬 8:28]

하나님 안에 믿음으로 사는 사람은 행복한 사람이다. 죄로 죽을 수밖에 없는 자들이 예수 그리스도의 보혈로 씻음을 받고 예수 그리스도를 믿음과 소망으로 갖는 성도의 삶은 하나님의 부활의 능력을 믿는 자들이다.

"너희가 알거니와 너희 조상이 물려 준 헛된 행실에서 대속함을 받은 것은 은이나 금 같이 없어질 것으로 된 것이 아니요 오직 흠 없고 점 없는 어린 양 같은 그리스도의 보배로운 피로 된 것이니라 그는 창세 전부터 미리 알린 바 되신 이나 이 말세에 너희를 위하여 나타내신 바 되었으니 너희는 그를 죽은 자 가운데서 살리시고 영광을 주신 하나님을 그리스도로 말미암아 믿는 자니 너희 믿음과 소망이 하나님께 있게 하셨느니라" [벧전 1:18-21]

사람마다 꿈이 있고 소망이 있다. 꿈과 소망이 있다는 것은 행복이다. 만일 사람에게 희망을 빼앗아 버린다면 그 사람은 죽은 사람과 마찬가지다. 희망이 있기 때문에 기다림이 있다. 기다림은 무턱대고 기다리는 것이 아니다. 약속이 있다. 약속이 있다는 것은 즐거운 것이다. 미래에 대한 꿈을 가지고 야망을 품고 나가는 젊은이의 생애는 활력이 넘쳐 보인다.

약속을 받고 기대한다는 것은 즐겁고 기쁜 것이다. 죄악으로 인하여 하나님의 심판을 받은 인류에게 꿈과 소망이 있을 수 있을까? 사형선고 받아 감옥에 갇혀서 사는 사람에게 희망이 있을 수 있을까?

그래도 요행을 바라면서 혹시나 풀려 나갈지도 모른다는 막연한 기대 속에 사는 사람은 절망 속에 모든 것을 포기하고 사는 사람보다 인생이 좀 밝을지도 모른다. 그러나 막연한 기대는 결국은 절망으로 끝나기 때문에 참된 의미의 행복이라고는 할 수 없을 것이다. 신앙생활을 한다는 것은 하나님께로부터 약속을 받는 것이다. 하나님께서 구원의 약속을 주셨다. 신앙생활은 막연한 것을 기대하는 것이 아닌 하나님의 약속을 믿고 기대하는 것이다.

아브라함의 신앙은 대단한 것이었다. 그는 하나님의 약속을 믿고 순종하기 어려운 상황에서도 하나님의 명령에 따랐다. 아브라함은 하나님의 능력을 받았고 또한 아브라함은 하나님의 약속을 의심하지 않았다.

"기록된 바 내가 너를 많은 민족의 조상으로 세웠다 하심과 같으니 그가 믿은 바 하나님은 죽은 자를 살리시며 없는 것을 있는 것으로 부르시는 이시니라 아브라함이 바랄 수 없는 중에 바라고 믿었으니 이는 네 후손이 이같으리라 하신 말씀대로 많은 민족의 조상이 되게 하려 하심이라 그가 백세나 되어 자기 몸이 죽은 것 같고 사라의 태가 죽은 것 같음을 알고도 믿음이 약하여지지 아니하고 믿음이 없어 하나님의 약속을 의심하지 않고 믿음으로 견고하여져서 하나님께 영광을 돌리며 약속하신 그것을 또한 능히 이루실 줄을 확신하였으니 그러므로 그것이 그에게 의로 여겨졌느니라" [롬 4:17-22]

하나님은 선하시고 인자하신 분이므로 우리가 믿고 따를 수가 있다. 시편 저자는 '나의 평생에 선하심과 인자하심이 정녕 나를 따른다'고 고백하고 있다. 하나님은 그의 백성에게 축복을 약속해 주셨다. 하나님께서는 그의 백성들에게 언약을 주시고 역사하신다. 왜 약속을 하셨을까? 하나님은 그의 백성이 소망을 가지게 하시기 때문이다. 소망 가운데서 인내하는 신앙을 갖기를 원하신다.

"인내는 연단을, 연단은 소망을 이루는 줄 앎이로다" [롬 5:4]

스위스를 여행할 줄 아는 멋쟁이라면 마터호른을 품은 무공해 알핀 리

조트와 세계적인 럭셔리 휴양지 생모리츠(St. Moritz)를 연결해주는 '빙하특급기차'를 알 것이다. 이 기차는 세계에서 가장 느린 특급 열차로, 291개의 다리와 91개의 터널을 지나며 평균 속도 34킬로로 느긋하게 8시간을 달린다. 만년설이 덮힌 산봉오리, 시원하게 뻗은 계곡 등 스위스의 절경을 맛볼 수 있다. 그런데 이 유명한 기차여행도 매년 10월부터 12월까지는 시스템 점검으로 한 달 정도 운행이 중단된다. 기다리지 않으면 탈수 없고 인내하며 기다려야만 절경을 볼 수 있는 기차. 인내 없이는 성격 급한 사람들은 평생 못 탈 기차다.

인내할 수 있다는 것은 불행이 아니라 행복이다. 하나님의 보호하심과 인도하심을 따르는 사람은 하나님의 약속을 믿는 믿음 안에서 평안과 안정이 있다. 크리스천은 행복한 사람이다. 왜냐하면 하나님께서 약속을 주셨기 때문이다. 하나님께서 구원의 약속을 주셨고 축복의 약속을 주셨으며 성령의 약속을 주셨다. 하나님의 약속을 믿는 사람은 담담히 기다리는 인내의 행복을 누리는 사람들이다.

"야훼 앞에 잠잠하고 참고 기다리라 자기 길이 형통하며 악한 꾀를 이루는 자 때문에 불평하지 말지어다 분을 그치고 노를 버리며 불평하지 말라 오히려 악을 만들 뿐이라 진실로 악을 행하는 자들은 끊어질 것이나 야훼를 소망하는 자들은 땅을 차지하리로다 잠시 후에는 악인이 없어지리니 네가 그 곳을 자세히 살필지라도 없으리로다" [시 37:7-10]

예수님은 우리에게 악을 선으로 바꾸어 주신다는 약속을 주셨다.

"우리가 알거니와 하나님을 사랑하는 자 곧 그의 뜻대로 부르심을 입은 자들에게는 모든 것이 합력하여 선을 이루느니라" [롬 8:28]

6.
도움을 주는 것과 섬기는 행복

1) 도와주라[1]

하나님께서는 남자를 먼저 만드셨다. 혼자 있는 아담은 고독하고 외로웠다. 하나님께서 아담의 갈빗대를 취하여 여자인 하와를 만드셨다. 아담을 돕는 배필로 하와를 만드신 것이다.

"야훼 하나님이 이르시되 사람이 혼자 사는 것이 좋지 아니하니 내가 그를 위하여 돕는 배필을 지으리라 하시니라" [창 2:18]

하나님은 '돕는다는 것'을 매우 중요하게 여기신다.

"그는 궁핍한 자가 부르짖을 때에 건지며 도움이 없는 가난한 자도 건지며" [시 72:12]

하나님은 도우시기를 원하신다.

"네 아버지의 하나님께로 말미암나니 그가 너를 도우실 것이요 전능자로 말미암나니 그가 네게 복을 주실 것이라 위로 하늘의 복과 아래로 깊

---

1) 〈핵심요약〉
  1. 다윗은 돕고 위로하시는 하나님을 믿었다.
  2. 예수님은 어려움 당한자를 도우셨다.
  3. 구제를 좋아하는 자는 더욱 풍족해진다.
  4. 재물을 의지하는 자는 불행해진다.
  5. 주는 자가 복이 있다.

은 샘의 복과 젖먹이는 복과 태의 복이리로다" [창 49:25]

인생의 고독과 외로움은 불행이다. 사람은 누구든지 위로와 도움이 필요하다. 하나님은 환난 중에 도우신다. 시편 46편 1절에 "하나님은 우리의 피난처시요 힘이시니 환난 중에 만날 큰 도움이시라"고 말씀한다.

이 세상에 사는 동안 사람에게 '도움'이라는 말만큼 중요한 것이 없다. 이 세상의 모든 사람은 누구든지 도움을 주고 또 도움을 받고 산다. 그래서 인간을 사회적인 존재라고 부른다. 정욕적이고, 탐욕적인 사람은 자기중심주의와 이기주의를 통해 자기 자신의 배만 채우려 하며 이런 사람에게는 평강이 없다.

"형제들아 내가 너희를 권하노니 너희가 배운 교훈을 거슬러 분쟁을 일으키거나 거치게 하는 자들을 살피고 그들에게서 떠나라 이같은 자들은 우리 주 그리스도를 섬기지 아니하고 다만 자기들의 배만 섬기나니 교활한 말과 아첨하는 말로 순진한 자들의 마음을 미혹하느니라" [롬 16:17-18]

상대방을 이용하려는 사람은 자기의 유익을 위한 도적과도 같다. 그러나 상대방을 이용하려는 사람도 결국 자신이 이용당하고 불행해진다.

어느 마을에 두 사람이 싸우고 있었다. 한 사람은 3x3=9라고 하고 다른 한 사람은 3x3=8이라고 우기고 있었다. 싸움의 결판이 나지 않자 두 사람은 고발당해 그 마을 원님에게 가게 됐다. 원님이 재판하였는데, 이들의 이야기를 다 듣고 난 후 3x3=8이라 우기는 사람은 놓아주고 3x3=9라고 하는 사람은 감옥에 가두었다. 답이 9라고 하던 사람이 원님에게 불평하였다. 원님이 말하길 "그 사람이 무식한 줄 알면서 그와 다툰 것은 지식의 교만으로 너는 마음이 완악한 자다. 그래서 무식한 자는 용서해 주고 악한 자는 처벌한다"고 했다. 원님의 재판 결과는 3x3=9라고 하는 사람을 유식하지만 악한 자라고 하였다. 바보와 같은 사람과 다투는 것은 처벌 받아야 마땅하다는 것이었다.

성경에 나오는 목자와 양의 관계는 '도움'에 관하여 설명해준다. 목자의 행복은 양떼들이 푸른 초장에서 잘 먹고 물가에서 쉬게 하여 양의 살을 찌게 하는 것이다. 양이 목자의 인도를 받는 것이 양의 행복이라면 하나님의 도움과 인도를 받는 것은 우리의 축복이요, 행복이다. 시편 146편 5절에 "야곱의 하나님을 자기의 도움으로 삼으며 야훼 자기 하나님에게 자기의 소망을 두는 자는 복이 있도다"라고 말씀한다.

다윗은 돕고 위로하시는 하나님을 믿었다. 시편 86편 17절에 "은총의 표적을 내게 보이소서 그러면 나를 미워하는 그들이 보고 부끄러워하오리니 야훼여 주는 나를 돕고 위로하시는 이시니이다"라고 말씀한다.

다윗은 야훼 하나님의 도움을 나의 힘과 방패라고 표현했다.

"야훼는 나의 힘과 나의 방패이시니 내 마음이 그를 의지하여 도움을 얻었도다 그러므로 내 마음이 크게 기뻐하며 내 노래로 그를 찬송하리로다"

[시 28:7]

다윗은 하나님께서 자기의 의로움이 되심을 믿었다. 시편 27편 9절에 "주의 얼굴을 내게서 숨기지 마시고 주의 종을 노하여 버리지 마소서 주는 나의 도움이 되셨나이다 나의 구원의 하나님이시여 나를 버리지 마시고 떠나지 마소서"라고 고백한다.

다윗은 남에게 피해를 주기보다 돕는 사람이었다. 이스라엘 나라가 블레셋과의 전쟁에서 나라가 위태했을 때 그는 혼자 나가 나라를 구출했다. 또한 다윗이 사울 왕을 피하여 도망다닐 때에도 이스라엘 사람인 그일라 주민이 블레셋 사람들에게 어려움을 당할 때에 구출해주었다.

"사람들이 다윗에게 전하여 이르되 보소서 블레셋 사람이 그일라를 쳐서 그 타작 마당을 탈취하더이다 하니 이에 다윗이 야훼께 묻자와 이르되 내가 가서 이 블레셋 사람들을 치리이까 야훼께서 다윗에게 이르시되 가서 블레셋 사람들을 치고 그일라를 구원하라 하시니 다윗의 사람들이 그에게 이르되 보소서 우리가 유다에 있기도 두렵거든 하물며 그일라에 가서 블레셋 사람들의 군대를 치는 일이리이까 한지라 다윗이 야훼께 다시 묻자온대 야훼께서 대답하여 이르시되 일어나 그일라로 내려가라 내가 블레셋 사람들을 네 손에 넘기리라 하신지라 다윗과 그의 사람들이 그일라로 가서 블레셋 사람들과 싸워 그들을 크게 쳐서 죽이고 그들의 가축을 끌어 오니라 다윗이 이와 같이 그일라 주민을 구원하니라" [삼상 23:1-5]

다윗은 마온에 살고 있는 부호 나발의 양떼를 부하들을 보내주어 보호해주었으나 다윗의 부하가 나발에게 양식을 구하였을 때 거만한 나발은 거절하였다가 멸망당하였다. 도움을 받았으나 돕기를 거절하는 사람은 불행해진다. 그러나 다윗을 모욕하여 화를 자초하게 된 남편을 대신하여 아비가일은 다윗을 찾아가 용서를 구했다. 그 후 나발이 죽은 후에 다윗은 아비가일을 그의 아내로 맞이하였다.

세상 사람들은 도움을 받는 것이 행복이라고 말한다. 기독교는 도움을 대단히 중요시하며 신앙인으로서 도움을 줄 수 있다는 것은 행복한 일이다. 사도 바울은 선교지와 예루살렘 교회를 다니면서 마게도냐, 빌립보 교회[2]는 도와주는 교회로서 칭찬을 받았다.

예수님은 이 세상에 어려움 당한 자를 도와주시려고 오셨고, 또한 참된 도움을 주는 것이 무엇인지를 가르쳐주셨다.

교회에서 주는 도움은 형식이 아닌 마음에서 우러나는 것이 되어야 하며 도울 때는 남에게 보이려고 하거나 억지로 하지 말아야 한다. 헌금도 억지로나 인색함으로 하지 말고 자원하는 마음으로 해야 한다.

"각각 그 마음에 정한 대로 할 것이요 인색함으로나 억지로 하지 말지니

---

2) 빌립보(Philippi)
마게도냐의 도시. 알렉산더 대왕의 아버지 빌립2세가 설립. 바울이 환상을 보고 복음을 전한 곳(행16:9-12). 바울이 루디아를 만난 곳(행16:14)

하나님은 즐겨 내는 자를 사랑하시느니라" [고후 9:7]

구제하는 자의 행복은 자기 자신의 만족을 위한 것보다 다른 사람을 위한 것이어야 한다. 구제를 많이 한다 해도 가난해지지 않는다.

"가난한 자를 구제하는 자는 궁핍하지 아니하려니와 못 본 체하는 자에게는 저주가 크리라" [잠 28:27]

구제[3]를 좋아하는 자는 더욱 부해지고 풍족해진다.

"흩어 구제하여도 더욱 부하게 되는 일이 있나니 과도히 아껴도 가난하게 될 뿐이니라 구제를 좋아하는 자는 풍족하여질 것이요 남을 윤택하게 하는 자는 자기도 윤택하여지리라" [잠 11:24-25]

종교적으로 오만한 바리새인은 자기가 구제하는 것을 알리기를 원했고 예수님께서는 구제할 때에 아무에게도 알리지 말라고 하셨다. 사람에게 칭찬을 받으면 하늘나라에서는 상이 없다고 하셨다. 도와주고 난 후 도와

---

3) 구제와 관련된 성구들
   구제의 대상 행11:29-30(성도), 잠22:9(가난한 자), 행24:17(동족), 행6:1(과부), 행10:2(백성들)
   구제의 방법 마6:3-4(은밀하게), 고전13:3(사랑으로), 롬12:8(성실하게), 행24:16-17(양심적으로), 마6:1-2(외식함 없이), 마25:40(예수님께 하듯)
   구제의 근거 신15:11(하나님의 명령), 행6:1-2(성도의 의무)
   구제의 상급 잠11:24(더욱 부요케됨), 눅6:38(풍족해짐), 잠19:17(행한대로 보상), 눅12:33(하늘나라에 보화)

줬다고 생색을 내는 사람은 불행하게 되며 사람이 선을 행하고도 낙심할 수가 있다. 왜냐하면 자기를 알아주지 않는다고 불평하게 되기 때문이다. 도와주는 것도 남을 위해 도와주는 것은 아름답지만 위선적인 도움을 주는 것, 자기의 교만한 마음의 만족을 위해서 하는 구제는 결국 추한 모습을 드러내며 도와주고 나서 싸우는 결과를 맞게 된다.

겐그레아 교회의 일꾼인 자매 뵈뵈는 사도 바울의 선교에 도움이 되었다. 사도 바울은 그녀를 추천하였다. 그리고 합당한 예절로 영접하고 소용되는 바를 도와줄 것을 부탁했다.

"내가 겐그레아 교회의 일꾼으로 있는 우리 자매 뵈뵈를 너희에게 추천하노니 너희는 주 안에서 성도들의 합당한 예절로 그를 영접하고 무엇이든지 그에게 소용되는 바를 도와 줄지니 이는 그가 여러 사람과 나의 보호자가 되었음이라" [롬 16:1-2]

욥바의 도르가는 선행과 구제하는 일이 심히 많았다. 사도행전 9장 38절에 "룻다가 욥바에서 가까운지라 제자들이 베드로가 거기 있음을 듣고 두 사람을 보내어 지체 말고 와 달라고 간청하여"라는 구절이 나온다. 그녀가 죽었을 때 도르가에게 도움을 받았던 과부들이 울면서 베드로에게 기도를 부탁하였고 베드로가 기도하여 도르가를 살렸다.

또한 로마 백부장의 구제를 하나님이 받으셨다.

"그가 경건하여 온 집안과 더불어 하나님을 경외하며 백성을 많이 구제하고 하나님께 항상 기도하더니" [행 10:2]

참된 신앙인은 환난당한 자를 구제해야 한다. 그것을 디모데전서 5장 10절에는 "선한 행실의 증거가 있어 혹은 자녀를 양육하며 혹은 나그네를 대접하며 혹은 성도들의 발을 씻으며 혹은 환난 당한 자들을 구제하며 혹은 모든 선한 일을 행한 자라야 할 것이요"라고 말씀한다. 세상 사람들은 자기의 재물을 의지하나 결과는 패망이다.

오래 전 군산에서 있었던 실제 이야기로 군산 미군부대 옆 쓰레기더미 속에서 굴을 뚫고 사는 한 여인이 있었다. 이 여인은 어린 아들과 함께 쓰레기더미를 뒤지며 그곳에서 나오는 폐품을 팔아서 근근이 하루하루를 살아가고 있었다.

생각해 보라. 남들이 필요 없다고 버린 것으로 생활을 하니 얼마나 핍절하고 구차했겠는가? 그런데 이 여인은 예수님을 믿는 집사였고 그녀가 나가는 교회는 그의 삶처럼 교회 천장에 구멍이 나서 비가 오면 빗물이 들어와 곳곳에 그릇을 놓고 겨우 예배를 드리는 정말 가난한 교회였다. 교회가 가난하다 보니 지붕에서 물이 새어도 수리를 할 수가 없었다.

목사님은 성도들의 형편을 알기에 물질 이야기를 할 수가 없었다. 그렇다고 계속 그렇게 지낼 수는 없어서 목사님은 기도하고 고심한 끝에 정말 어렵게 성도들에게 성전을 보수할 헌금을 말하게 되었다.

그런데 헌금은 고사하고 목사님의 말을 듣고 부담이 되어 떠나는 성도들이 생겼다. 상황이 이렇게 되자 목사님은 새벽마다 눈물로 하나님께 기도하였지만 목사님이 기도하면 할수록 성도들은 더욱 부담스럽게 생각되어 그나마 새벽기도에 나오던 성도들도 줄어들었다.

그런데 전혀 부담을 갖지 않고 새벽기도를 하는 한 사람이 있었다. 그 사람은 바로 쓰레기더미 위에 사는 집사였다. 이 집사는 집도 차도 직장도 돈도 아무것도 없으니 아무 부담 없이 하루도 빠지지 않고 열심히 새벽기도를 드렸는데 새벽기도를 하면 할수록 이 가난한 집사에게 부담이 생기기 시작했다. 그 부담은 주님이 주시는 것이었다.

안타까운 것은 이 여인은 아무리 부담을 가져도 나올만한 것이 없었다. 그런데 이상한 것은 목사님이 기도하시는 모습이 이 가난한 여 집사의 마음에 박혀 떠나질 않았다는 것이다.

이 집사는 여러 날을 괴로워했다. 그러다 더 이상 견딜 수 없어서 하루는 기도한 후에 주님이 주신 부담을 믿음으로 받아들이기로 결심했다. 이 가난한 여 집사에게는 사르밧 과부의 가루 한 주먹만큼의 물질이 있었다. 그 돈은 쓰레기를 뒤져 쓸만한 것이 나오면 그것을 팔아 근근이 모은 몇 푼 안 되는 돈이었다. 하나밖에 없는 아들을 위해 월세방이라도 얻어 보려고 어려운 가운데 푼푼이 모은 작은 물질이었다. 가난한 여 집사는 며칠을 기도하고 그것을 교회지붕을 고치는 헌금으로 드렸다. 이제 자신은 아무 것도 가진 것이 없게 되었지만 교회 지붕이 수리되어 비가 와도 걱정하지 않고 예배를 드릴 수 있게 되었다.

그런데 이상한 일이 벌어졌다. 쓰레기 더미에서 멀지 않은 곳에 미군부대가 있었는데 군부대 군인교회를 섬기는 미국 군목 목사님이 기도하는 중에 한 환상을 보게 되었다는 것이다. 그 환상은 부대 옆에 있는 큰 쓰레기더미 속에서 빛이 나는 환상이었다. 이상한 일이라고 생각됐지만 무시하고 지나쳤다. 그런데 미군교회 목사님이 기도할 때 다시 똑같은 환상을 보게 되었다. 같은 환상을 보고 미군 부대 군목 목사님은 한국인 통역을 데리고 쓰레기장으로 갔다. 주위를 돌아보았지만 쓰레기더미일 뿐이었다. 그래서 그냥 돌아가려다 하늘을 보는데 그때 쓰레기더미 위에서 뭔가 움직이는 것이 눈에 띄었다. 그래서 통역과 함께 악취가 나는 쓰레기더미를 올라가보았는데, 쓰레기더미 꼭대기에 굴이 있고 그 속에 남루한 차림의 여인이 아들과 함께 살고 있는 것을 발견하게 되었다. 미군군목이 통역을 시켜 물어보았다.

"당신은 왜 여기에 있습니까?"

그러자 이 여인이 대답했다.

"나는 집이 없어서 내 아들과 함께 여기에서 살고 있으며, 나는 저 앞에 있는 교회에 다닙니다."라고 말하는 것이었다.

그 말을 듣고 미군 군목과 통역은 그 여인이 말한 교회에 가서 목사님을 만나 저기 쓰레기 더미 속에 사는 여자가 당신 교회 성도가 맞느냐고 물어보았다. 미군 군목 목사님의 말에 한국교회 목사님은 눈시울을 붉히며 미군 목사님에게 헌금 이야기를 들려주었다. 그 여 집사님은 비록 쓰레기 더미 속에 살고 있어도 자신의 모든 재산을 교회에 헌금한 귀한 분이라고 자초지종을 말해주었다. 이 말에 미군 군목 목사님이 크게 감동을 받았다. 그래서 그 여 집사를 미군부대 안에 있는 식당에서 일할 수 있게 해주었다. 그리고 그 아들은 구두를 닦으며 공부할 수 있도록 하우스 보이로 일하게 해 주었고 그 여 집사와 아들은 하루아침에 안정된 직장과 평안한 생활의 축복을 받았다. 하나님은 이 여인의 헌신을 기억하시고 미국 목사님을 통해 은혜를 입게 하셨다. 할렐루야!

그런데 이것이 끝이 아니다. 그 미군 군목은 안식년을 맞아 본국으로 돌아가서 간증 집회요청을 받아 한국에서 있었던 일들을 간증하게 되었는데, 간증 도중 그 여 집사가 생각나 한국에는 쓰레기더미 속에 살면서도 주님께 자신의 전부를 헌신한 성도가 있다는 이야기를 하게 되었고 간증 집회는 그렇게 끝났다.

집회가 끝나고 한 나이 많은 노인이 군목 목사님을 찾아왔다. 그리고 이런 이야기를 했다.

"목사님, 저에게는 아주 큰 목장이 있습니다. 그런데 누구에게 이 목장을 맡겨야 할지 몰라 고민을 하며 기도 하고 있었는데, 목사님이 말씀하신 그분이라면 내 목장을 맡겨도 괜찮겠다는 생각이 듭니다. 그분을 만날 수 있게 도와주십시오."

이렇게 하나님은 쓰레기더미 속에 살던 여 집사의 믿음과 귀한 헌신을 보시고 아들과 함께 농장 주인으로 살 수 있게 해주셨다.

"자기의 재물을 의지하는 자는 패망하려니와 의인은 푸른 잎사귀 같아서 번성하리라" [잠 11:28]

다윗은 하나님을 의지했다. 이처럼 도움은 천지를 지으신 하나님께로부터 얻어야 한다.

"내가 산을 향하여 눈을 들리라 나의 도움이 어디서 올까 나의 도움은 천지를 지으신 야훼에게서로다" [시 121:1-2]

다윗은 하나님의 도움을 인정하였다. 그는 하나님을 의지하여 도움을 얻는다고 말하였다.

"야훼는 나의 힘과 나의 방패이시니 내 마음이 그를 의지하여 도움을 얻었도다 그러므로 내 마음이 크게 기뻐하며 내 노래로 그를 찬송하리로다" [시 28:7]

재물을 의지하는 자는 불행해진다.

"이 사람은 하나님을 자기 힘으로 삼지 아니하고 오직 자기 재물의 풍부함을 의지하며 자기의 악으로 스스로 든든하게 하던 자라 하리로다" [시 52:7]

세상은 받는 자가 복이 있다고 하지만 성경은 주는 자가 복이 있다고 한다. 아프리카에서는 30초에 1명씩, 하루에 3000명, 매년 25만명의 5세 이하 어린아이들이 말라리아로 사망하고 있다. 우리의 도움의 손길을 원하는 곳은 지구상 도처에 있다.

"범사에 여러분에게 모본을 보여준 바와 같이 수고하여 약한 사람들을 돕고 또 주 예수께서 친히 말씀하신 바 주는 것이 받는 것보다 복이 있다 하심을 기억하여야 할지니라" [행 20:35]

여기에서는 물질의 풍요인 축복보다는 마음의 풍요인 행복을 말한다고 할 수가 있다.

도움을 줄 수 있는 사람은 사회가 필요로 하는 사람이다. 남에게 해를 끼치거나 방해가 되는 사람은 사회의 악이 될 수가 있다. 사기 치고, 빼앗고 하는 사람은 결코 행복할 수가 없다. 잊어버리면서 행복한 척 하지만 결국은 파멸인 것을 잘 알고 있다.

2) 섬김의 행복

어느 동네에 하나밖에 없는 구둣방에 의사가 장화 한 켤레를 수선하려고 갔다. 하지만 구둣방 주인은 도저히 고칠 수 없다면서 5천원을 내라고 했다.
"아니 무엇 때문에 돈을 받는 거요?"
의사가 신경질적으로 항의하자 구둣방 주인이 대답했다.
"당신한테 배운 거요. 내가 당신 병원에 갔을 때 내 병은 도저히 고칠수 없다면서 진찰비를 받지 않았소?"
섬김은 상대방의 입장을 생각하는 것이다. 세상에서는 으뜸이 돼서 섬김을 받는 것이 행복이라고 생각한다. 그러나 신앙인은 섬기는 사람이다. 이 세상에서의 가치관과 하늘나라의 가치관은 다르다. 세상은 으뜸 된 자가 섬김을 받는다. 그러나 하나님의 나라에서는 섬기는 자가 높아진다. 마가복음 10장 44절에 "너희 중에 누구든지 으뜸이 되고자 하는 자는 모든 사람의 종이 되어야 하리라"는 말씀이 이것을 극명하게 보여준다.

예수 그리스도의 생애는 행복의 비결을 보여준다. 그는 섬김을 받으려 하기보다 섬기려 하였고, 많은 사람들을 위한 대속물이 되어주셨다. 마가복음 10장 45절에 "인자가 온 것 은 섬김을 받으려 함이 아니라 도리어 섬기려 하고 자기 목숨을 많은 사람의 대속물로 주려 함이니라"고 말씀하고 있다. 서로 누가 높은가를 두고 다투고 있는 제자들에게 예수님이 하신 말씀이다. 자기중심적, 이해타산적, 이기적, 탐욕적으로 산 사람은 살고 난 후 후회가 많으며 자기만을 위해 사는 사람은 삶의 보람을 느끼지 못한다. 남을 위해 사는 삶이 자기 자신만을 위해서 사는 삶보다 가치 있고, 보람된다.

미국 20대 대통령 제임스 가필드James Abram Garfield는 폭한(暴漢)에게 저격되어 부상당했을 때, 안정과 휴식을 위해 고요하고 격리된 집으로 옮겨졌다. 의사와 간호사 그리고 그가 사랑하는 이들이 쉽게 그에게 갈 수 있도록 특별 철도까지 설치하게 되었다. 기사들은 철도가 어떤 농가 앞뜰을 통과하도록 설계했는데, 완고한 농부는 통행을 허락하기를 거부했고 기사들은 이것은 대통령을 위한 철도라는 것을 설명하며, 다시 농부에게 응낙(應諾)해 줄 것을 구했다. 그러자 농부는 비로소 외쳤다. "그렇다면, 이야기는 다릅니다! 만약 철도가 대통령을 위한 것이라면 내 집을 헐어버리고 설치해도 좋습니다."

다윗은 자기를 도왔던 친구 요나단의 아들인 므비보셋을 끝까지 돌보아 주었다. 성공적이었으며 행복한 삶을 산 요셉의 생애의 참된 성공은, 그가 돕는 자였다는 것이다. 감옥에 갇힌 두 장관을 잘 섬기고 도와주었으며 또한 바로 왕의 꿈을 해석하고 도와주었고 자기를 노예로 판 형제들을 도와서 애굽에 정착하도록 해주었다.

하나님께서는 그의 백성을 돕기를 원하신다.

"두려워하지 말라 내가 너와 함께 함이라 놀라지 말라 나는 네 하나님이 됨이라 내가 너를 굳세게 하리라 참으로 너를 도와 주리라 참으로 나의 의로운 오른손으로 너를 붙들리라 보라 네게 노하던 자들이 수치와 욕을 당할 것이요 너와 다투는 자들이 아무것도 아닌 것 같이 될 것이며 멸망할 것이라 네가 찾아도 너와 싸우던 자들을 만나지 못할 것이요 너를 치는 자들은 아무것도 아닌 것 같고 허무한 것 같이 되리니 이는 나 야훼 너의 하나님이 네 오른손을 붙들고 네게 이르기를 두려워하지 말라 내가 너를 도우리라 할 것임이니라 버러지 같은 너 야곱아, 너희 이스라엘 사람들아 두려워하지 말라 나 야훼가 말하노니 내가 너를 도울 것이라 네 구속자는 이스라엘의 거룩한 이이니라" [사 41:10-14]

그러므로 신앙인은 도와주시는 하나님을 바라보고 도움을 구할 수가 있다.

"귀신이 그를 죽이려고 불과 물에 자주 던졌나이다 그러나 무엇을 하실 수 있거든 우리를 불쌍히 여기사 도와 주옵소서" [막 9:22]

성령은 우리들의 연약함을 도와주신다.

"이와 같이 성령도 우리의 연약함을 도우시나니 우리는 마땅히 기도할 바를 알지 못하나 오직 성령이 말할 수 없는 탄식으로 우리를 위하여 친히 간구하시느니라" [롬 8:26]

성경은 성도들에게 소용되는 것을 도와주라고 기록되어 있다.

"너희는 주 안에서 성도들의 합당한 예절로 그를 영접하고 무엇이든지 그에게 소용되는 바를 도와 줄지니 이는 그가 여러 사람과 나의 보호자가 되었음이라" [롬 16:2]

하나님께 도움 받는 것이 행복이다. 또한 하나님의 도움을 받고 어려움을 당한 남을 도와 줄 수 있는 것이 행복이다. 예수님은 사마리아인의 비유로 삶의 행복을 가르치셨다.

"어떤 율법교사가 일어나 예수를 시험하여 이르되 선생님 내가 무엇을 하여야 영생을 얻으리이까 예수께서 이르시되 율법에 무엇이라 기록되었으며 네가 어떻게 읽느냐 대답하여 이르되 네 마음을 다하며 목숨을 다하며 힘을 다하며 뜻을 다하여 주 너의 하나님을 사랑하고 또한 네 이웃을 네 자신 같이 사랑하라 하였나이다" [눅 10:25-37]

우리가 도움을 주면 어려움 당한 자의 친구가 될 수 있다. 주님은 선한 사마리아인이셨으며 예수님의 생애는 불행한 삶이 아니었다. 가장 보람되고 가치 있고 행복한 삶이었다.

7. 감사하는 것과 기쁨의 행복

감사[1]는 타인이 자기에게 보여준 호의를 마음으로 물질로 고맙게 받아들이는 일이다. 종교적으로는 하나님의 은혜에 대한 사람의 응답으로 표현되는 말이다. 기독교에서는 구약시대 때 노래로써 표현되었다. 시편[2] 95편 2절에 "우리가 감사함으로 그 앞에 나아가며 시를 지어 즐거이 그를 노래하자"라고 말씀한다. 또한 제사를 드렸는데 제물을 드리는 일로 감사의 마음을 표현했다. 시편 54편 6절에 "내가 낙헌제로 주께 제사하리이다 야훼여 주의 이름에 감사하오리니 주의 이름이 선하심이니이다"라고 다윗은 말한다.

신약시대 때는 예수님께서도 하나님께 감사드리셨다. 하나님께 대한 기도에서도 감사의 장면이 나온다. 마태복음 11장 25절에 "그 때에 예수께서 대답하여 이르시되 천지의 주재이신 아버지여 이것을 지혜롭고 슬기 있는 자들에게는 숨기시고 어린 아이들에게는 나타내심을 감사하나이다"라고 말씀한다.

예수님께서는 죽은 나사로를 살리실 때 살아날 것을 믿고 감사드렸다.

"돌을 옮겨 놓으니 예수께서 눈을 들어 우러러 보시고 이르시되 아버지여 내 말을 들으신 것을 감사하나이다" [요 11:41]

---

1) 〈핵심요약〉
   1.기쁨과 감사는 비례 2.감사는 감사할 일을 낳고 불평은 불평할 일을 낳는다. 3.감사는 모든 것을 유익하게 변화시키는 힘이다. 4.입밖으로 나와야 감사다. 5.감사는 차의 윤활유와 같다.
2) 다윗의 감사 시편
   8,19,29,65,68,103,124,131,133,145

사도 바울도 감사를 기독교인의 가장 중요한 덕목으로 가르치면서 범사에 감사하라고 하였다.

"범사에 감사하라 이것이 그리스도 예수 안에서 너희를 향하신 하나님의 뜻이니라" [살전 5:18]

감사의 생애 속에 긍정적인 마음의 바탕이 이루어지며 긍정적인 마음의 바탕에 기쁨이 찾아온다. 염려, 근심, 걱정 많은 세상 속에서 무슨 행복이 있겠느냐고 하지만 기쁨으로 심으면 기쁨으로 거두게 된다. 하나님은 항상 기뻐하라고 하셨다. 데살로니가전서 5장 16절에 "항상 기뻐하라"에서 기쁨은 행복이다. 마음의 즐거움은 양약이라도 심령의 근심은 뼈를 마르게 한다고 하였다.

"마음의 즐거움은 양약이라도 심령의 근심은 뼈를 마르게 하느니라" [잠 17:22]

영적 존재인 귀신, 마귀가 인간에게 슬픔과 근심을 가져다준다. 그러므로 영적으로 승리하여야 기쁨이 있고 기쁨이 있어야 승리할 수 있다. 신앙인의 진정한 모습은 '기뻐하는 것'이다.

"근심하는 자 같으나 항상 기뻐하고 가난한 자 같으나 많은 사람을 부요하게 하고 아무 것도 없는 자 같으나 모든 것을 가진 자로다" [고후 6:10]

빌립에게 사마리아성에서 나타난 성령의 능력으로 많은 사람들에게 붙었던 더러운 귀신들이 쫓겨나갔다. 그 성에 큰 기쁨이 충만하였다고 성경은 말하고 있다.

"많은 사람에게 붙었던 더러운 귀신들이 크게 소리를 지르며 나가고 또 많은 중풍병자와 못 걷는 사람이 나으니 그 성에 큰 기쁨이 있더라" [행 8:7-8]

기쁨과 감사는 비례한다. 기쁨이 있으면 불평이 없다. 감사의 신앙은 어려움과 고난을 극복하게 하는 힘이 있다. 주의 일을 할 때 나를 좋아하는 사람들과 함께 사역하면서 한편으로는 나를 괴롭히고 고통을 주는 사람들을 견뎌내야 한다.

사도 바울의 생애에 있어서 그의 사역에 도움을 준 사람도 많았지만 그를 괴롭힌 사람들도 있었다. 부겔로와 허모게네 그리고 후메내오와 빌레도였다. 사도 바울을 괴롭힌 사람들은 참된 신앙인들은 아니었다. 사도 요한에게도 으뜸 되기를 좋아하는 디오드레베가 있었다. 그는 사도 요한을 괴롭히고 받아들이지 않았다.

"내가 두어 자를 교회에 썼으나 그들 중에 으뜸되기를 좋아하는 디오드레베가 우리를 맞아들이지 아니하니" [요삼 1:9]

모세의 사역에도 방해자가 있었다. 이들은 애굽의 술사로서 얀네와 얌브레였다.

"얀네와 얌브레가 모세를 대적한 것 같이 그들도 진리를 대적하니 이 사람들은 그 마음이 부패한 자요 믿음에 관하여는 버림 받은 자들이라" [딤후 3:8]

이런 방해자들을 생각하면 외로워지고 불행하다는 생각이 들 수 있다. 그러나 수고가 열매를 맺기 위해서는 기쁨으로 견뎌야 한다. 사도 바울은 은혜에 터를 둔 신앙인이었기에 모든 사도보다 더 많이 수고 하였으나 보람되고 행복했다.

"그러나 내가 나 된 것은 하나님의 은혜로 된 것이니 내게 주신 그의 은혜가 헛되지 아니하여 내가 모든 사도보다 더 많이 수고하였으나 내가 한 것이 아니요 오직 나와 함께 하신 하나님의 은혜로라" [고전 15:10]

방해하는 자들은 헛수고가 되면 나중에 불행한 자들이 된다. 방해자가 있다고 해서 불행한 것은 아니다. 비록 방해자가 있더라도 믿음을 가지고 수고하면 열매를 맺는 행복의 날을 갖게 된다. 그러므로 환경여건을 초월하여 감사와 기쁨의 삶을 가지고 있으면 행복한 삶이 된다. 주 안에서의 수고가 헛되지 않도록 하여야 한다.

"그러므로 내 사랑하는 형제들아 견실하며 흔들리지 말고 항상 주의 일에 더욱 힘쓰는 자들이 되라 이는 너희 수고가 주 안에서 헛되지 않은 줄 앎이라" [고전 15:18]

사람들이 알아주기를 원하는 신앙은 헛된 신앙이며 이런 신앙은 불행하다. 바리새인들은 예수님께로부터 꾸중을 들은 자들이었다. 참된 신앙 즉 행복한 열매 맺는 신앙은 하나님이 알아주는 신앙이다.

"옳다 인정함을 받는 자는 자기를 칭찬하는 자가 아니요 오직 주께서 칭찬하시는 자니라" [고후 10:18]

사람들이 알아주지 않더라도 십자가만 자랑하고 감사와 기쁨을 갖는 신앙인이 참 신앙인이다.

"그러나 내게는 우리 주 예수 그리스도의 십자가 외에 결코 자랑할 것이 없으니 그리스도로 말미암아 세상이 나를 대하여 십자가에 못 박히고 내가 또한 세상을 대하여 그러하니라" [갈 6:14]

자랑하는 자는 주안에서 자랑하여야 한다.

"내가 복음을 전할지라도 자랑할 것이 없음은 내가 부득불 할 일임이라 만일 복음을 전하지 아니하면 내게 화가 있을 것이로다"[고전 9:16]

전도왕이라고 자랑하는 분들이 의외로 신앙생활에 기쁨이 없는 경우가 있다. 감사는 신앙생활 중에서 가장 중요한 덕목 중에 하나이다. 다시 말하면 감사치 못하는 것은 불신앙이다. 이 세상의 사람들이 나에게 유익되면 '감사합니다' 하다가도 불이익이 오면 불평한다. 그러나 신앙인의 감사는 이해관계를 초월한 것이어야 한다. 모든 것이 하나님의 은혜로 된 것이기에 감사하게 되는 것이다.

하나님의 능력과 은혜로 출애굽하여 40년간 광야에서 방황하던 이스라엘 백성들중 여호수아와 갈렙을 제외하고 한 사람도 가나안 땅에 들어가지 못한 것은 감사하지 못하였기 때문이다. 감사하지 않는다는 것은 원망, 불평하였다는 것이다.

"나를 원망하는 이 악한 회중에게 내가 어느 때까지 참으랴 이스라엘 자손이 나를 향하여 원망하는 바 그 원망하는 말을 내가 들었노라 그들에게 이르기를 야훼의 말씀에 내 삶을 두고 맹세하노라 너희 말이 내 귀에 들린 대로 내가 너희에게 행하리니 너희 시체가 이 광야에 엎드러질 것이라 너희 중에서 이십 세 이상으로서 계수된 자 곧 나를 원망한 자 전부가 여분네의 아들 갈렙과 눈의 아들 여호수아 외에는 내가 맹세하여 너희에게 살게 하리라 한 땅에 결단코 들어가지 못하리라" [민 14:27-30]

하나님은 그의 백성이 감사가 넘쳐서 감사하는 자가 되기를 원하신다. 인생에 감사가 없는 삶을 한 번 생각해 보자. 얼마나 삭막하고 냉랭하며 힘들겠는가? 자동차에 윤활유가 없다면 그 차의 엔진은 얼마 가지 못할뿐더러 자동차가 앞으로 나아가지 못한다. 감사는 마치 자동차의 윤활유와 같다. 윤활유가 엔진을 돌리고 차를 앞으로 나아가게 하는 것처럼 감사는 인생의 목적과 방향을 향하여 나아가게 만들어 준다. 감사가 있어야 할 이유는 이 세상의 모든 것이 은혜로 이루어졌기 때문이다. 특히 신앙인의 감사는 모든 것이 하나님의 은혜로 된 것을 고백하는 것이다.

"그러나 내가 나 된 것은 하나님의 은혜로 된 것이니 내게 주신 그의 은혜가 헛되지 아니하여 내가 모든 사도보다 더 많이 수고하였으나 내가 한 것이 아니요 오직 나와 함께 하신 하나님의 은혜로라" [고전 15:10]

감사하는 자는 하나님의 은혜에 대해 보답하는 자이다. 하나님의 은혜를 헛되이 받지 말라고 성경은 말씀하고 있다. 고린도후서 6장 1절에 "우리가 하나님과 함께 일하는 자로서 너희를 권하노니 하나님의 은혜를 헛되이 받지 말라"고 말씀한다.

감사는 감사할 일을 낳고 불평은 불평할 일을 낳는다. 사람은 무엇으로 심던지 그대로 거둔다고 성경은 말씀한다.

"스스로 속이지 말라 하나님은 업신여김을 받지 아니하시나니 사람이 무엇으로 심든지 그대로 거두리라" [갈라디아서 6:7]

감사는 모든 것을 유익하게 변화시키는 힘이 있다. 감사함으로 받으면 버릴 것이 없다. 디모데전서 4장 3-4절에 "혼인을 금하고 어떤 음식물은 먹지 말라고 할 터이나 음식물은 하나님이 지으신 바니 믿는 자들과 진리를 아는 자들이 감사함으로 받을 것이니라 하나님께서 지으신 모든 것이 선하매 감사함으로 받으면 버릴 것이 없나니"라고 말씀한다.

감사를 모르는 사람은 아무리 도와주어도 도리어 원망과 불평을 한다. 그러므로 감사를 모르는 사람에게선 감사가 사라진다. 우리 신앙인은 행악자를 향해서도 불평하지 말고 감사하여야 한다. 도리어 야훼를 기뻐하면 하나님께서 마음의 소원을 이루어 주신다.

"악을 행하는 자들 때문에 불평하지 말며 불의를 행하는 자들을 시기하지 말지어다 그들은 풀과 같이 속히 베임을 당할 것이며 푸른 채소 같이 쇠잔할 것임이로다 야훼를 의뢰하고 선을 행하라 땅에 머무는 동안 그의 성실을 먹을 거리로 삼을지어다 또 야훼를 기뻐하라 그가 네 마음의 소원을 네게 이루어 주시리로다 네 길을 야훼께 맡기라 그를 의지하면 그가 이루시고 네 의를 빛 같이 나타내시며 네 공의를 정오의 빛 같이 하시리로다 야훼 앞에 잠잠하고 참고 기다리라 자기 길이 형통하며 악한 꾀를 이루는 자 때문에 불평하지 말지어다" [시 37:1-7]

감사하는 자는 하나님의 복을 받게 되어 있다.

전세계에서 가장 유명한 도넛 회사 던킨[3]Dunkin Donuts의 창업자인 윌리엄 로젠버그는 고등교육도 제대로 받지 못한 사람이다. 1916년 보스턴에서 태어난 그는 14세 되던 해에 '경제 대공황'을 맞아 가난과 맞설 수밖에 없었다. 1주일에 겨우 20달러씩 벌어 부모님을 모시고 힘들게 생활했던 그였지만, 하나님께 바치는 십일조 생활은 빠짐없이 했다.

21세 되던 해에 작은 회사의 지배인이 된 그는 30세에 '모빌런치 서비스' 라는 회사를 차리게 됐고, 사업이 날로 번창하여 도넛과 커피만을 전

---

3) 전세계 6,200개의 매장을 가지고 있다.

문적으로 하는 가게를 전국 곳곳에 개업하게 됐다. 이렇듯 성공을 거듭한 로젠버그는 72세 생일 축하파티에서 이렇게 말했다.

"나는 몹시 어둡고 힘든 어린 시절을 보냈습니다. 그리고 교육도 제대로 받지 못했습니다. 하지만 하나님께서는 나의 동행자가 되셔서 늘 함께 짐을 져 주셨고, 그분이 창조한 세계 속에서 직접 보고 듣고 경험하며 지금까지 실로 많은 것을 배우게 하셨습니다. 세상에서의 성공은 '지식' 보다는 '태도'에 달려 있다고 생각합니다. 실로 나는 행복한 사람입니다."

교만한 사람은 감사치 아니하기 때문에 하나님께서 대적하시지만 겸손한 자에게는 은혜를 베풀어 주신다.

"젊은 자들아 이와 같이 장로들에게 순종하고 다 서로 겸손으로 허리를 동이라 하나님은 교만한 자를 대적하시되 겸손한 자들에게는 은혜를 주시느니라" [벧전 5:5]

교만하여져서 공로를 따지는 사람은 감사하지 않는다. 공로를 내세우려는 사람은 원망, 불평한다. 야훼께서는 이스라엘이 디베랴에서 하나님께 악한 말로 원망하는 것을 들으시고 진노하사 불을 내리셨다. 민수기 11장 1절에 "야훼께서 들으시기에 백성이 악한 말로 원망하매 야훼께서 들으시고 진노하사 야훼의 불을 그들 중에 붙여서 진영 끝을 사르게 하시매"라고 말씀한다.

하나님을 영화롭게 하는 것이 감사이다. 감사로 드리는 제사는 하나님을 영화롭게 하면서 하나님의 구원을 얻게 된다.

"감사로 제사를 드리는 자가 나를 영화롭게 하나니 그의 행위를 옳게 하는 자에게 내가 하나님의 구원을 보이리라" [시편 50:23]

우리의 생활에서 감사하여야 할 일을 생각해 보자. 생각의 감사는 반쪽 감사이다. 완성품이 아니다. 감사가 잠시 머물다가 사라져 버린다. 감사는 믿음과도 같다. 믿음은 마음으로 믿고 또한 입으로 시인하여야 구원에 이른다.

"사람이 마음으로 믿어 의에 이르고 입으로 시인하여 구원에 이르느니라" [롬 10:10]

이와 같이 마음의 감사가 입 밖으로 나와야 진정한 감사가 된다. 그러나 외식적이어서는 안된다. 마음속에서 우러나는 감사가 진정한 감사이다. 하나님의 위엄에 대한 존경과 사랑이 하나님께 드리는 제사가 된다. 마음으로 드리는 감사는 환경을 초월한다. 신앙은 모든 일들을 부정적으로 바라보기보다 긍정적으로 바라보아야 한다. 신앙인은 좋은 일 뿐 아니라 좋지 않는 일에도 범사에 감사해야 한다. 왜냐하면 하나님께서 주관 하셔서 다 좋게 만들어 주시기 때문이다. 로마서 8장 28절에 "우리가 알거니와 하나님을 사랑하는 자 곧 그의 뜻대로 부르심을 입은 자들에게는 모든 것이 합력하여 선을 이루느니라"고 말씀한다.

우리에게는 인생의 운명을 바꿀 수 있는 비결이 있다. 긍정적인 믿음의 사람은 주 예수 이름으로 구하면 하나님이 모든 것을 다 들어 주시기에 잘 될 것을 믿고 감사해야 한다. 주신이가 예수 그리스도라면 감사를 받으시는 분도 예수 그리스도시며 하나님은 우리가 얻는 물질의 축복이 하나님의 은혜인 것을 알기를 원하신다.

"우리 주 예수 그리스도의 은혜를 너희가 알거니와 부요하신 이로서 너희를 위하여 가난하게 되심은 그의 가난함으로 말미암아 너희를 부요하게 하려 하심이라" [고후 8:9]

말로만이 아닌 물질로 제사를 드려야 한다.

"이에 히스기야[4]가 말하여 이르되 너희가 이제 스스로 몸을 깨끗하게 하여 야훼께 드렸으니 마땅히 나아와 제물과 감사제물을 야훼의 전으로 가져오라 하니 회중이 제물과 감사제물을 가져오되 무릇 마음에 원하는 자는 또한 번제물도 가져오니 회중이 가져온 번제물의 수효는 수소가 칠십 마리요 숫양이 백 마리요 어린 양이 이백 마리이니 이는 다 야훼께 번제물

---

[4] 남유다의 제13대왕. 29년간 통치.
예루살렘 성전 수리(대하29:3),우상신당 없앰(왕하18:4)등의 치적이 있으며, 병들어 죽게 되었을 때 기도하여 15년을 더 살게 되었다(왕하20:6). 병이 낫자 감사했다(사38:9-22)
남유다의 왕들
1.르호보암(17년) 2.아비얌(3년) 3.아사(41년) 4.여호사밧(25년) 5.여호람(8년) 6.아하시야(1년) 7.아달랴(6년) 8.요아스(40년) 9.아마샤(29년) 10.웃시야(52년) 11.요담(16년) 12.아하스(16년) 13.히스기야(29년) 14.므낫세(55년) 15.아몬(2년) 16.요시야(31년) 17.여호아하스(3개월) 18.여호야김(11년) 19.여호야긴(3개월) 20.시드기야(11년) *(재위기간)

로 드리는 것이며" [대하 29:31-32]

　하나님께 드리는, 하나님께서 영광 받으시는 감사의 제사는 마음을 다하여 입술을 가지고 물질을 드리면서 감사하는 것이다. 감사는 위력이 있으며 하나님을 기쁘시게 하고 하나님이 영광을 받으시며 구원을 이루어 주신다.

나의 묵상

8. 화목과 평강의 행복

이 세상에 사는 동안에 참된 행복이 어디에 있을까? '행복'은 인간관계에서의 화목[1]에서 온다. 하나님은 사람의 본성을 착하게 만드셨지만 마귀란 존재가 인간을 타락시켰다. 사람은 죄를 짓고 그로 인해 악하게 되었으며 인간이 악하게 되었을 때 화목이 깨어졌다.

불순종의 죄로 말미암아 하나님과의 화목이 깨어졌다. 그리고 하나님과 담을 쌓게 되었다. 하나님과 불화하게 된 인간들은 인간 서로의 관계에서 화목이 깨어지며 서로서로 대적하게 되었다. 그렇게 인간은 투쟁의 역사 속에서 살게 되었다.

행복이 관계성의 회복에서 온다는 사실은 오늘날의 불행의 원인을 통해서도 알 수가 있다. 그러므로 인간관계의 회복으로서의 화목이 행복에 절대적으로 필요하다.

화목은 일치를 이루는 것이다. 사람은 각기 자기 자신의 생각과 감정이 있다. 다른 사람과 같을 수도 있고 다를 수도 있다. 그러나 화목 속에 조화가 있고, 질서가 있다.

사람이 살다보면 사소한 일 때문에 인간관계가 깨어질 때가 있다. 관계가 깨어지면 사람은 우울해지고 외로워진다. 이런 깨어진 관계는 잘못된 환경을 만든다. 이럴 때일수록 안정되고 평안한 삶을 갖도록 자신을 더욱 가꾸어야 한다. 자신의 행복을 위한 자아계발이 이루어져야 하며 안정되고 평안한 삶을 살지 못하면 불행하게 된다. 내가 남의 생각, 감정에 동의

---

[1] 〈핵심요약〉
1.화목은 일치를 이루는 것이다. 2.화목은 자신을 내놓은 것이다. 3.화목을 위해서 중보자가 필요하다.

하거나 다른 사람이 나에게 동의해야 대립이 없고 싸움이 없다.

  싸운다는 것은 행복한 것이 아니며 싸움 자체가 불행할 수도 있고 불행하게 만들기도 한다. 가정에서 싸우면 가족구성원이 불행해지고 나라가 싸우면 국민이 불행해지며 교회 내에서 싸움이 있으면 교인이 불행해진다.

  가정에서는 부부간에 부모와 자녀간에 화목해야 행복하다.
  나라에서도 통치자와 국민, 또 국민 상호간에 화목해야 번영과 행복을 이룰 수가 있다. 성도들의 화목을 하나님은 아름답게 보신다.

"보라 형제가 연합하여 동거함이 어찌 그리 선하고 아름다운고 머리에 있는 보배로운 기름이 수염 곧 아론의 수염에 흘러서 그의 옷깃까지 내림 같고 헐몬의 이슬이 시온의 산들에 내림 같도다 거기서 야훼께서 복을 명령하셨나니 곧 영생이로다" [시 133:1-3]

  교회에서는 성도들이 서로 화목해야 행복한 신앙생활을 할 수 있다. 주님은 화목을 강조하셨다. 화목하게 하는 자에게는 복이 있으며 화목은 질서이다. 질서와 화목이 있는 곳에 평강이 있고 평강이 있어야 행복하다.
  화평하게 하는 자는 하나님의 아들이라 일컬음을 받는다.

"화평하게 하는 자[2]는 복이 있나니 그들이 하나님의 아들이라 일컬음을

---

2) 화평하게 하는 자 : 피스메이커Peacemaker
    예수 그리스도께서는 하나님과 사람, 사람과 사람사이에 화평을 주신 분이다.

받을 것임이요" [마 5:9]

하나님의 나라는 평강의 나라이기 때문에 서로 대적하는 자도 없고 원수 맺는 일도 없다. 화목하려면 온순한 성격이 필요하며 다투기를 좋아하는 사람들은 온유함이 없다.

삶의 불만족은 자신을 욕망 충족의 도구로 전락시킨다. 자신의 만족을 위해서라면 어떤 수단과 방법도 마다하지 않고 사용한다. 욕망충족을 위해 사람들이 이웃을 경쟁의 대상으로 삼으면 분쟁이 일어난다. 또 사람들 사이를 갈라지게 하는 분열이 일어나게 된다.

화목이라는 것은 자신을 내어 놓는 것이다. 자신을 내어 놓지 않고 타인에게만 내어 놓으라고 하는 사람은 화목하기 어렵다. 예수 그리스도는 자신을 화목의 제물로 내어 놓으셨다.

"사랑은 여기 있으니 우리가 하나님을 사랑한 것이 아니요 하나님이 우리를 사랑하사 우리 죄를 속하기 위하여 화목 제물로 그 아들을 보내셨음이라" [요일 4:10]

예수 그리스도는 십자가에서 하나님과 죄인을 화목케 하셨다. 그리고 평안을 가져다 주셨다. 또한 하나님과 우리를 하나로 만드셨다.

"또 십자가로 이 둘을 한 몸으로 하나님과 화목하게 하려 하심이라 원수 된 것을 십자가로 소멸하시고 또 오셔서 먼 데 있는 너희에게 평안을 전하시고 가까운 데 있는 자들에게 평안을 전하셨으니 이는 그로 말미암아 우리 둘이 한 성령 안에서 아버지께 나아감을 얻게 하려 하심이라" [엡 2:16-18]

사람들이 모인 곳에는 어디에나 영향력을 미치려는 누군가가 있다. 이 영향력이 긍정적으로 미치면 화목을 이루지만 부정적으로 미치면 모두가 불행해진다. 원망, 불평하는 자는 남을 비난함으로 불행하게 할 뿐 아니라 자신도 행복하지 못하다. 모임 속에서 부정적인 사람이 리더가 되려고 하는 경우가 있다. 이런 사람이 지도자의 위치에 오르게 되면 조직전체가 불행하게 된다.

화목하려면 어떻게 하여야 할까? 화목하기 위해서는 위로와 격려가 있어야 한다. 비록 상대방이 부족하고 허물이 있어도 받아주어야 한다. 화를 내거나 욕을 하는 사람은 화목을 이루지 못하며 남을 비난하고 비판하는 곳에는 불행이 쌓이게 된다.

자기 자신만 고집하고 주장하는 사람은 독재자가 된다. 화목하기 위해서는 상대방에 대한 이해와 고려가 있어야 한다. 가정에서도 부모의 권위를 강조하면 가정이 불행하다. 권위는 인정을 받아야 효력이 있지만 권위 밑에 있는 사람의 동의가 있어야 한다. 물론 절대적인 왕권이 있다. 그러나 민주사회에서의 절대적 왕권은 존재하지 않는다.

권위를 인정받으려면 신뢰 관계가 서야 한다. 신뢰할 수 없다면 권위를 인정하지 못하며 신뢰는 하루아침에 이루어지는 것이 아니다. 거짓이 있으면 신뢰할 수 없고 신뢰는 진실 위에 서야 한다. 사람들 간에 신뢰 관계가 이루어지는데 3~5년이 걸린다고 한다. 진리 위에 세워지고 또한 신뢰의 바탕 위에 세워진 권위가 많은 사람들에게 행복을 가져다 준다.

다윗은 사울 왕의 베냐민 지파와 그가 소속된 유다 지파가 화목하기를 원하셨다. 다윗은 사울왕의 손자 요나단의 아들인 므비보셋을 그의 양아들처럼 대해 주었고 사울 왕에 의하여 강제로 이혼 당하였던 미갈을 이스라엘의 왕이 된 후 다시 아내로 삼았다. 기드온과의 화목을 위하여 다윗은 그들의 요구조건을 들어 주어 사울왕의 자식들을 그들에게 내주었다.

화목하지 못하는 이유는 불화하게 되는 요인을 보면 알 수가 있다. 죄가 있는 곳에는 화목이 없다. 하나님과 인간 사이의 죄가 하나님과 멀어지게 만들고 하나님과의 화목을 방해한다.

"그는 멸시를 받아 사람들에게 버림 받았으며 간고를 많이 겪었으며 질고를 아는 자라 마치 사람들이 그에게서 얼굴을 가리는 것 같이 멸시를 당하였고 우리도 그를 귀히 여기지 아니하였도다" [이사야 53:3]

하나님과의 관계가 깨어진다.

1) 욕심이 있기 때문이다.
욕심이 잉태한 즉 죄를 낳고 죄가 장성한 즉 사망을 낳는다.

"욕심이 잉태한즉 죄를 낳고 죄가 장성한즉 사망을 낳느니라" [약 1:15]

사람들은 얻으려고 다투고 싸우지만 성경은 기도하라고 권면한다. 기도하라는 의미를 확대 해석하면 하나님과의 관계를 갖는 것이요 하나님과 화목하라는 것이다. 하나님과 화목해야 기도하고 구한 것을 얻게 된다.

사람 사이에 다툼과 싸움으로 얻어지는 것은 행복이 아니다. 승리의 쾌감은 있을지라도 진정한 행복은 없다. 화목한 삶은 나누는 삶으로 나 혼자 다 먹으려고 하면 불화가 생기고 다투고 싸우게 된다. 화목제사는 제사 드리는 사람도 그 제물을 먹는 데 함께 참여할 수 있다.

유혹의 욕심을 버려야 새로운 인생으로서 참 행복을 누릴 수 있다.

"너희는 유혹의 욕심을 따라 썩어져 가는 구습을 따르는 옛 사람을 벗어 버리고 오직 너희의 심령이 새롭게 되어 하나님을 따라 의와 진리의 거룩함으로 지으심을 받은 새 사람을 입으라" [엡 4:22-24]

사람이 화목하려면 욕심을 버려야 한다. 욕심이 있으면 만족이 없고 만족이 없으면 탐욕이 인생을 불행하게 만든다.

두 형제가 먼 여행길을 가다가 형이 길가에서 번쩍이는 것을 발견하였다. 집어보니 금덩어리였다. 형제는 기뻐하며 하늘이 내린 복이라고 하였다. 그들은 계속 길을 가다가 강을 만나게 되었다. 나룻배를 타고 가던 도중에 갑자기 형이 길에서 얻은 그 금덩이를 강물속에 던져 버렸다. 동생이 깜짝 놀라면서 "형, 미쳤어?" 하고 말하였다. "사랑하는 동생아, 내가 이 금덩이를 가지고 있는 동안 줄곧 '어떻게 하면 이 금덩이를 나 혼자 가질 수 있을까'하고 생각했어. 강에서 배를 타고 있는데 갑자기 '너를 강물에 던져 버릴까?'하는 생각까지 하게 됐지. 그러나 나는 이 금덩어리보다도 동생인 너를 택하려고 작정했어. 그래서 나는 금덩어리를 강에 버렸단다."

동생이 형에게 "형, 나도 형과 같이 욕심이 생겼었어. 형을 죽이고 그 금덩어리를 나 혼자 가졌으면 했어." 형제는 서로 화목하고 전과 같이 다정하게 여행길을 계속하였다.

2) 고집이 세고 자기주장만 내세우기 때문이다.

사람과 사람의 관계가 원활하려면 서로 협력과 합의가 이루어져야 한다. 남의 말을 들을 수 있는 온유함이 필요하다. 어린아이와 같이 자기만 내세우는 사람은 속임수와 간사한 유혹에 빠지게 된다. 에베소서 4장 14절에 "이는 우리가 이제부터 어린 아이가 되지 아니하여 사람의 속임수와 간사한 유혹에 빠져 온갖 교훈의 풍조에 밀려 요동하지 않게 하려 함이라"고 말씀한다.

자기말만 하는 사람은 화목을 깨뜨린다. 내 자신의 인격이 존중받고 싶다면 남의 인격도 존중해야 한다. 예수님은 대접 받고 싶은 대로 남을 대접하라고 하셨다. 그래서 마태복음 7장 12절에 "그러므로 무엇이든지 남에게 대접을 받고자 하는 대로 너희도 남을 대접하라 이것이 율법이요 선지자니라"고 말씀하신 것이다.

교회에 나가는 절친한 두 여자 집사가 같이 사업을 하게 됐다. 옷가게를 하기로 하고 돈을 반씩 투자하였다. 이 집사는 옷을 파는 일을 하고 박 집사는 옷을 도매상에서 사는 일을 담당하고 이익은 똑같이 반씩 나누기로 하였다. 장사가 잘 되어서 이익이 생겼다.

한 2년쯤 하다가 이 집사가 생각하기를 '나는 이 옷가게에서 하루 종일 일하는데 박 집사는 무엇을 하고 돌아다니는지 알 수가 없다. 내가 더 많이 수고하니까 더 많이 수입을 가져가야겠다'고 생각했다. 박 집사는 박 집사대로 '내가 물건을 잘 사와서 장사가 잘 되니까 내가 수입을 더 가지고 가야겠다'고 생각했다. 장사는 잘 되고 있었지만 두 집사는 서로 다투다가 그 후 그 가게를 팔아 치웠다. 결국 고생만 하고 두 사람은 서로 원수 사이로 남게 되었다.

3) 자신의 권위를 내세우기 때문에 화목을 할 수가 없다.

어느 조직이든 유지되고 번영하려면 권위가 필요하다. 권위에 복종 할 것을 성경은 말씀하고 있다.

"각 사람은 위에 있는 권세들에게 복종하라 권세는 하나님으로부터 나지 않음이 없나니 모든 권세는 다 하나님께서 정하신 바라 그러므로 권세를 거스르는 자는 하나님의 명을 거스름이니 거스르는 자들은 심판을 자취하리라 다스리는 자들은 선한 일에 대하여 두려움이 되지 않고 악한 일에 대하여 되나니 네가 권세를 두려워하지 아니하려느냐 선을 행하라 그리하면 그에게 칭찬을 받으리라" [롬 13:1-3]

권위주의자는 남을 지배하고자 하며 권위주의자 밑에 있는 사람들은 누구든지 불행해진다. 지배하는 사람은 행복하다고 느낄지 모르지만 지배를 받는 사람은 비참하다.

화목이 이루어지기 위해서는 중보자가 필요하다. 죄 지은 인간을 위해 예수 그리스도는 십자가에서 하나님과의 화목을 이루어 주셨으며 하나님과 인간 사이에 어려운 일들이 있을 때 먼저 나 자신의 변화를 위해 성령님의 도우심과 보호하심이 필요하다. 성령님은 우리들의 연약함을 위해서 중보기도를 해주신다.

"이와 같이 성령도 우리의 연약함을 도우시나니 우리는 마땅히 기도할 바를 알지 못하나 오직 성령이 말할 수 없는 탄식으로 우리를 위하여 친히 간구하시느니라" [롬 8:26]

성령님께서는 평강과 위로를 주신다. 성령의 역사는 하나님의 나라를 이루어 가는데, 하나님의 나라는 육적으로 먹고 마시는 것이 아닌 하늘나라의 의와 평강과 희락이다.

"하나님의 나라는 먹는 것과 마시는 것이 아니요 오직 성령 안에 있는 의와 평강과 희락이라" [롬 14:17]

9.
충성과 거룩의 행복

세상에서 성공하고 행복한 삶을 살려면 무엇보다 필요한 것이 믿음이다. 믿음을 다른 말로 표현하면 '진실'이며 '신뢰'이다. 일에 대한 믿음은 충실이고 사람에 대한 믿음은 충성이다. 세상에서 성공한 행복한 사람은 거의 다 진실된 자들이며, 이들은 충실하였고 또한 충성[1]된 자들이었다.

민수기 12장에 보면 레위 족속의 고핫 자손인 아론[2]이 그의 동생 모세가 구스 여자를 아내로 얻은 것을 보고 모세를 비방하며 꾸짖었다. 하나님께서는 모세를 꾸짖는 아론을 되려 꾸짖으셨다. 하나님께서는 모세의 충성됨을 가상히 여기셨다. 모세의 충성됨은 그의 온유함에서 온 것이다. 온유한 사람이 겸손하고, 모나지 않고 거스르지 않는다. 하나님은 아론과 미리암에게 모세만이 하나님과 대면할 수 있는 자라고 말씀하셨다. 이 말씀의 내용은 '야훼가 인정하는데 너희가 뭐길래 모세를 비방 하느냐'이다.

"내 종 모세와는 그렇지 아니하니 그는 내 온 집에 충성함이라" [민 12:7]

하나님께서는 충성을 중요시하신다. 성경에서 야훼는 충성된 자들을 축복해 주신다고 말씀하셨다.

---

[1] 〈핵심요약〉
　1.충성된 자는 복이 많다. 2.충성에는 타협이 없다.
[2] 아론(Aron)
　모세의 형이자 미리암의 동생.모세가 출애굽의 소명을 받은 후 그의 대언자로 일했다(출 4:14-16). 아말렉과의 전쟁때 훌과 함께 모세의 손을 들어 올려 이스라엘의 승리를 가져오는데 기여했다. 그러나 모세가 시내산에 올라가 있는 동안 백성들의 요구에 따라 금송아지 우상을 만들고(출32:1-6), 미리암과 함께 모세가 구스 여자를 취한 것을 비방하며 모세의 권위에 도전하는(민12:1-2)실수를 저질렀다.

"충성된 자는 복이 많아도 속히 부하고자 하는 자는 형벌을 면하지 못하리라" [잠 28:20]

성령의 열매 중에서도 충성의 열매가 있다. 하나님은 충성된 자를 찾으시고 사용하신다.

그런데 자기가 하는 일에 충실한 것이 행복인 줄 모르는 사람들이 의외로 많다. 이러한 사람들은 자기가 충실히 할 일이 사라지고 없어진 후에 불행하게 느낀다. 이처럼 일을 한다는 것 자체가 인생에게는 행복이며 더욱이 자기에게 주어진 일에 충실하다는 것은 그것만으로도 행복을 가져다준다. 다윗은 무엇을 하든지 자기의 일에 충실했다. 목동으로써, 장군으로써, 왕으로써, 직무에 따라 열심히 했다. 다윗은 목동으로서 양을 위해 모험을 감수하였다.

"다윗이 사울에게 말하되 주의 종이 아버지의 양을 지킬 때에 사자나 곰이 와서 양 떼에서 새끼를 물어가면 내가 따라가서 그것을 치고 그 입에서 새끼를 건져내었고 그것이 일어나 나를 해하고자 하면 내가 그 수염을 잡고 그것을 쳐죽였나이다" [삼상 17:34-35]

요한계시록에 칭찬을 받은 서머나 교회에 권면하는 말씀이 있다.

"너는 장차 받을 고난을 두려워하지 말라 볼지어다 마귀가 장차 너희 가운데에서 몇 사람을 옥에 던져 시험을 받게 하리니 너희가 십 일 동안 환

난을 받으리라 네가 죽도록 충성하라 그리하면 내가 생명의 관을 네게 주리라" [계 2:10]

세상에서도 자신의 행복과 번영을 위해서 배신하거나 모반한 자들이 결국 비참한 최후를 맞는 사례가 많다.

중국고전 삼국지에 보면 동탁[3](董卓)이란 자와 여포[4](呂布)가 나온다. 동탁 장군은 여포 장수를 자기 아들처럼 사랑하고 신뢰하였다. 그러나 여포는 왕윤[5](王允)이란 사람의 미인계에 넘어가서 은혜를 잊어버리고 배신하고 모반하여 동탁을 죽인다. 동탁을 죽인 여포 장군은 마치 주인 잃은 개같이 되어 이곳저곳을 떠돌아다니다가 마침내 조조[6](曹操) 장군에 의해 비참한 최후를 맞게 된다.

서양사에서도 보면 로마의 카이사르(Gaius Julius Caesar)장군에게 양아들같이 사랑과 총애를 받던 부르투스가 나온다. 부르투스는 카이사르가 황제가 되는 것을 반대하여 그의 암살에 참여한다. 카이사르의 총애를 배신하고 그를 죽인 부르투스는 부귀와 권세와 명예를 얻은 것 같았으나 결국 카이사르의 양아들인 옥타비아누스(Octavianus Gaius Julius caesar)와의 전쟁에 패하여 비참하게 죽게 된다.

---

3) 중국 후한 말기의 무장이자 정치가.
4) 중국 후한(後漢) 말기의 장수로 〈삼국지〉나 〈삼국지연의〉 등에서 당시의 무장(武將)들 가운데 무용(武勇)이 가장 뛰어났던 인물로 묘사되어 있다.
5) 동탁의 전횡을 보고 초선을 내세워 연환계로써 동탁을 죽이는 데 성공한다.
6) 중국 후한 말기의 정치인으로 위(魏)나라 건국의 기초를 닦았다.

성경에서 예수님의 제자였던 가룟 유다는 예수님을 은 30냥에 제사장에게 팔아버리는 배신을 하였다. 그는 부귀를 얻은 것 같았으나 예수님이 죽은 후에 자기 생애를 자살로 비참하게 마감하였다.

"이 사람이 불의의 삯으로 밭을 사고 후에 몸이 곤두박질하여 배가 터져 창자가 다 흘러 나온지라" [행 1:18]

주인을 모반한 자는 불행하게 된다. 다윗은 그의 주군이었던 사울 왕에게 끝까지 충성하였다. 다윗을 죽이려고 쫓아다니던 사울 왕이 블레셋과의 전쟁에 패하였다. 블레셋 군사의 화살에 맞아 죽게 된 사울 왕은 자살을 선택하고 자신의 무기를 든 아말렉 청년에게 죽여 달라고 하였다. 아말렉 청년은 사울왕의 죽음을 다윗에게 보고하였다.

"또 내게 이르시되 내 목숨이 아직 내게 완전히 있으므로 내가 고통 중에 있나니 청하건대 너는 내 곁에 서서 나를 죽이라 하시기로 그가 엎드러진 후에는 살 수 없는 줄을 내가 알고 그의 곁에 서서 죽이고 그의 머리에 있는 왕관과 팔에 있는 고리를 벗겨서 내 주께로 가져왔나이다 하니라" [삼하 1:9-10]

사울왕의 죽음을 슬퍼했던 다윗은 사울왕의 유품을 가져왔던 아말렉 청년을 죽였다.

"다윗이 그 소식을 전한 청년에게 묻되 너는 어디 사람이냐 대답하되 나는 아말렉 사람 곧 외국인의 아들이니이다 하니 다윗이 그에게 이르되 네가 어찌하여 손을 들어 야훼의 기름 부음 받은 자 죽이기를 두려워하지 아니하였느냐 하고 다윗이 청년 중 한 사람을 불러 이르되 가까이 가서 그를 죽이라 하매 그가 치매 곧 죽으니라" [삼하 1:13-15]

충성에는 타협이 있어서는 안 된다. 타협하지 않는 것이 거룩함이다. 죄악에 물들지 않는 것처럼 불의와 타협하지 않는 것이다. '보람'과 '후회'의 판단기준은 거룩함이다. 거룩함의 기준으로 일을 하면 일을 하고 난 후의 느낌이 다르다.

신약성서에서 바울 사도는 하나님께 그의 직분에 대한 충성을 말하였다.

"그리고 맡은 자들에게 구할 것은 충성이니라" [고전 4:2]

은혜를 배신한 사람이나 모반에 참여한 사람들에게도 불행은 다가온다. 모세의 지도력에 반역을 한 고라의 무리들은 다함께 멸망당하였다. 사도 바울의 사역에서 괴로움을 준 사람들 중에 부겔로와 허모게네가 있었다.

"아시아에 있는 모든 사람이 나를 버린 이 일을 네가 아나니 그 중에는 부겔로와 허모게네도 있느니라" [딤후 1:15]

또한 후메내오와 빌레도가 있었다.

"그들의 말은 악성 종양이 퍼져나감과 같은데 그 중에 후메내오와 빌레도가 있느니라" [딤후 2:17]

   개성의 선죽교에 뿌려진 피의 주인공인 고려의 충신 정몽주의 삶은 행복한 삶이었을까? 아니면 불행한 삶이었을까? 그는 왜 부귀와 영화의 유혹을 뿌리치고 제안을 거절했을까? 부끄럽고 수치스러운 삶을 택하기보다 보람되고 가치 있는 삶을 원했던 것은 아니었을까?
   고려 말 고려 왕국을 모반하여 정권을 잡은 이씨 조선의 시조 이성계의 3번째 아들인 이방원은 고려 신하인 정몽주를 찾아와 이씨 조선에 협력해 줄 것을 요청하였다.
   이방원과 정몽주의 대화는 이러했다.

"이런들 어떠하며 저런들 어떠하리
만수산 드렁칡이 얽혀진들 어떠하리
우리도 이같이 얽혀 백 년까지 누리리라."

   그러나 정몽주는 고려를 계속 유지하고자 이방원을 반대하면서 단심가(丹心歌)를 통해 절대로 함께 하지 않을 거라는 거절 의사를 밝혔다.

"이 몸이 죽고 죽어 일백 번 고쳐 죽어
백골이 진토되어 넋이라도 있고 없고
임 향한 일편단심이야 가실 줄이 있으랴."

고려의 충신 정몽주는 결국 이방원의 일파에게 죽음을 당하였다. 정몽주를 죽였던 이방원은 그 후 자기의 형들을 죽여서라도 왕이 되려고 하였다. 그가 왕이 된 후 이방원의 손자 중 하나는 자기의 조카를 죽여서 왕위에 오르게 되는 역사적 비극을 초래하였다.

예수님은 그를 잡으려고 온 대제사장의 종인 말고의 귀를 자른 베드로에게 '칼을 쓰는 자는 다 칼로 망한다'고 하셨다. 모반과 배신은 또 다른 모반과 배신을 낳는다.

"예수와 함께 있던 자 중의 하나가 손을 펴 칼을 빼어 대제사장의 종을 쳐 그 귀를 떨어뜨리니 이에 예수께서 이르시되 네 칼을 도로 칼집에 꽂으라 칼을 가지는 자는 다 칼로 망하느니라" [마 26:51-52]

초대교회의 성도들은 신앙의 초점을 충성에 맞추었다. 그들은 세상의 부귀영화보다도 예수 그리스도를 위한 순교를 택하였다. 주후 2세기 초에 이그나티우스라는 순교자가 있었다. 그는 수리아에 있는 안디옥 교회를 담임하고 있었는데 믿음이 돈독한 사람이었으며, 인품도 훌륭했다. 그래서 그는 성도들뿐만 아니라, 믿지 않는 사람들에게서도 많은 존경을 받았다. 그때 로마 황제의 핍박이 몰려왔다. 그는 맨 앞에 서서 성도들의 신앙을 독려했다. 그러다가 핍박하는 자들의 손에 붙잡혔고 결국은 본보기로 사형선고를 받게 되었다. 그는 원형 경기장에서 사나운 들짐승들의 먹이로 던져지기 위해 로마로 끌려갔다. 그는 끌려가면서 자기를 걱정해 주는 사람들에게 이렇게 말했다.

"나는 너무나도 기쁩니다. 그 이유는 내가 이제야 예수 그리스도의 참 제자가 되었기 때문입니다."

로마에 있는 성도들은 그의 죽음을 몹시 안타까워했다. 그래서 그들은 이그나티우스를 위한 대대적인 구명운동을 벌이기로 했다. 이그나티우스는 로마로 끌려가던 중에 이 소식을 듣게 되었는데 그는 즉시 로마 교회 성도들에게 이러한 편지를 썼다.

"사랑하는 형제들이여! 이 편지를 받는 대로 저를 위한 구명 운동을 중단하여 주시기 바랍니다. 저는 제게 있는 최선의 것을 마지막으로 하나님께 드리기를 원합니다. 제 마음속에 있는 이 뜨거운 순교의 열정을 부디 꺾지 말아주시기 바랍니다. 오히려 제가 이 일을 잘 감당할 수 있도록 저를 위해서 기도해 주시고 저를 독려해 주시기 바랍니다."

결국 그는 자기가 바라던 대로 자기에게 있는 최선의 것, 곧 자신의 목숨을 하나님께 바쳤다. 그는 믿음을 따라 살다가, 믿음을 따라 순교함으로써 자신의 삶을 아름답게 마감한 것이다. 우리 주 예수님께서 그의 백성들에게 가장 귀하게 보시는 것이 무엇일까? 예수님은 달란트[7] 비유를 통하여 맡겨준 사명을 다한 자들을 착하고 충성된 종이라고 칭찬하셨다.

---

7) 구약시대에는 약34kg으로 3,000세겔에 해당되었다. 신약에 와서는 약 20.4kg정도로 6,000데나리온에 해당되었다. 무게와 화폐의 단위를 나타냈지만 재능,능력을 나타내는 뜻으로도 사용되었다.

"또 어떤 사람이 타국에 갈 때 그 종들을 불러 자기 소유를 맡김과 같으니 각각 그 재능대로 한 사람에게는 금 다섯 달란트를, 한 사람에게는 두 달란트를, 한 사람에게는 한 달란트를 주고 떠났더니 다섯 달란트 받은 자는 바로 가서 그것으로 장사하여 또 다섯 달란트를 남기고 두 달란트 받은 자도 그같이 하여 또 두 달란트를 남겼으되 한 달란트 받은 자는 가서 땅을 파고 그 주인의 돈을 감추어 두었더니 오랜 후에 그 종들의 주인이 돌아와 그들과 결산할새 다섯 달란트 받았던 자는 다섯 달란트를 더 가지고 와서 이르되 주인이여 내게 다섯 달란트를 주셨는데 보소서 내가 또 다섯 달란트를 남겼나이다 그 주인이 이르되 잘하였도다 착하고 충성된 종아 네가 적은 일에 충성하였으매 내가 많은 것을 네게 맡기리니 네 주인의 즐거움에 참여할지어다 하고 두 달란트 받았던 자도 와서 이르되 주인이여 내게 두 달란트를 주셨는데 보소서 내가 또 두 달란트를 남겼나이다 그 주인이 이르되 잘하였도다 착하고 충성된 종아 네가 적은 일에 충성하였으매 내가 많은 것을 네게 맡기리니 네 주인의 즐거움에 참여할지어다 하고 한 달란트 받았던 자는 와서 이르되 주인이여 당신은 굳은 사람이라 심지 않은 데서 거두고 헤치지 않은 데서 모으는 줄을 내가 알았으므로 두려워하여 나가서 당신의 달란트를 땅에 감추어 두었었나이다 보소서 당신의 것을 가지셨나이다 그 주인이 대답하여 이르되 악하고 게으른 종아 나는 심지 않은 데서 거두고 헤치지 않은 데서 모으는 줄로 네가 알았느냐 그러면 네가 마땅히 내 돈을 취리하는 자들에게나 맡겼다가 내가 돌아와서 내 원금과 이자를 받게 하였을 것이니라 하고 그에게서 그 한 달란트를 빼앗아 열 달란트 가진 자에게 주라 무릇 있는 자는 받아 풍족하게 되고 없는 자는 그 있는 것까지 빼앗기리라 이 무익한 종을 바깥 어두운 데로 내쫓으라 거기서 슬피 울며 이를 갈리라 하니라" [마 25:14-30]

다윗은 그의 자녀들에게 아버지로서 실패하였다. 그러나 그의 아들 솔로몬에게는 하나님께 대한 계명을 지키는 데 충실하라고 당부하는 모습을 볼 수 있다.

"다윗이 죽을 날이 임박하매 그의 아들 솔로몬에게 명령하여 이르되 내가 이제 세상 모든 사람이 가는 길로 가게 되었노니 너는 힘써 대장부가 되고 네 하나님 야훼의 명령을 지켜 그 길로 행하여 그 법률과 계명과 율례와 증거를 모세의 율법에 기록된 대로 지키라 그리하면 네가 무엇을 하든지 어디로 가든지 형통할지라 야훼께서 내 일에 대하여 말씀하시기를 만일 네 자손들이 그들의 길을 삼가 마음을 다하고 성품을 다하여 진실히 내 앞에서 행하면 이스라엘 왕위에 오를 사람이 네게서 끊어지지 아니하리라 하신 말씀을 확실히 이루게 하시리라" [왕상 2:1-4]

다윗은 정직하였다. 정직한 자가 행복하며 거짓은 불행하게 만든다.

몇몇 과학자들이 모여 실험을 했다. 방 한복판에 있는 기둥의 중간쯤 높이에 신선한 바나나 한 덩이를 걸어 놓았다. 그리고 원숭이 네 마리를 방에 풀어놓았다. 배고픈 원숭이들은 즉시 바나나 쪽으로 달려갔고 원숭이들이 기둥에 오를때마다 과학자는 그들에게 찬물을 쏟아 부었다. 원숭이들의 바나나 먹기는 계속 실패했다. 거듭 시도하던 원숭이들도 실패에 익

숙해진 듯 포기했고 새로운 원숭이가 들어오자 기존의 원숭이들은 기둥에 못올라가게 말리는 모습을 보였다. 결국 기존의 원숭이들의 실패의식이 새로온 원숭이들에게도 전염되어 운명적인 태도로 일관하게 된 것이다.

행복은 운명이 아니다. 또한 멀리 떨어져 있지도 않다. 그러기 때문에 주님이 주시는 행복을 적극적이고 창조적인 마인드로 누려야 한다.